ISBN 978-1-333-79708-9
PIBN 10666546

1 MONTH OF
FREE
READING

at

www.ForgottenBooks.com

By purchasing this book you are eligible for one month membership to ForgottenBooks.com, giving you unlimited access to our entire collection of over 700,000 titles via our web site and mobile apps.

To claim your free month visit:

www.forgottenbooks.com/free666546

Bibliographie

des

Modernen Hypnotismus.

Von

Max Dessoir.

Berlin.
Carl Duncker's Verlag.
(C. Heymons.)
1888.

Inhalt.

Vorbemerkungen. .

Nur wenigen Wissenschaften ist es beschieden, ein kampfloses und doch ruhmreiches Leben zu führen. Freundlich willkommen geheifsen bei ihrem ersten Auftauchen zogen sie schnell eine Schaar thatenfroher Männer an sich, errangen die Gunst der Massen und verbreiteten sich in der ruhigen Entwickelung eines stetigen Fortschritts. Die festeste Stütze gegenwärtiger Arbeit bilden sie, diese Sonntagskinder unter den Wissenschaften. Sie wissen nichts von den harten Daseinskämpfen anderer Ideen, wissen nicht, was es heifst, in schlechter Gesellschaft aufzuwachsen und unverdienter Misachtung zu verfallen, sondern mit dem Gefühle freudigen Stolzes blicken sie zurück auf eine ehrwürdige, makellose Vergangenheit.

Indessen, wer in die tiefumwölkte Urzeit einzudringen vermöchte, würde wohl auch in ihren Anfängen mancherlei Schwankungen entdecken, die in historischer Zeit längst überwunden waren. Sind doch zahllose der Gedanken und Thatsachen, die uns heute selbstverständlich scheinen, noch vor wenigen Jahrhunderten mit Hohn zurückgewiesen worden! Und mit schalkhaftem Behagen lesen wir die Berichte jener Tage: wie gerade die Besten mit unveräufserlicher Zähigkeit an dem Überkommenen festhielten, wie allmählich erst dieser, dann jener sich überzeugen liefs und wie schliefslich Alle insgesamt von der Macht der neuen Wahrheit fortgerissen wurden. Dafs aber in der unmittelbaren Gegenwart ein solches Schauspiel dem teilnehmenden Zuschauer sich darbieten könne, wer hätte das gedacht? Um so reizvoller ist es, gelegentlich im schnellen Flufs der Ereignisse innezuhalten, um aus besonnener Rückschau auf den zurückgelegten Weg Richtpunkte für die künftigen Bahnen zu gewinnen; gleichwie der Mensch gern an den Wendepunkten seines Lebens sinnend der Vergangenheit gedenkt, ehe er mit frischen Kräften zu neuen Thaten eilt.

An einem Wendepunkte ihrer Entwickelung steht die junge Wissenschaft des Hypnotismus. Dreimal hat sie während der letzten hundert Jahre vergeblich versucht, sich die allgemeine Anerkennung zu erzwingen. Weder Mesmer und Puységur, noch Braid und Heidenhain, noch

Czermack und Preyer konnten ihr die Wege völlig ebenen. Erst den
Franzosen glückte es, die Untersuchungen so zu führen, dafs die Thatsachen mit überzeugender Gewalt hervortraten, und sie allein haben eine
Bewegung ins Leben gerufen, welche sich nunmehr über die ganze Welt
verbreitet hat. Wenn es erlaubt ist, in diesem Falle von einer Revolution
unserer wissenschaftlichen Anschauungen zu sprechen, so sind ohne Zweifel
die Urheber einer solchen unsere westlichen Nachbaren, denn Männer wie
Liébeault, Richet und Charcot sind revolutionär im edelsten Sinne,
weil sie den Mut vollkommener Wahrhaftigkeit besafsen. Die von ihnen
vertretene Richtung unterscheidet sich dem Wesen nach völlig von den
beiden anderen etwa gleichzeitig in England und Deutschland beginnenden,
ganz abgesehen davon, dafs doch nur sie von bleibendem Erfolge gekrönt
wurde, während man in anderen Ländern über vereinzelte Ansätze nicht
hinauskam. Ich habe versucht, diese ganze Strömung mit einem möglichst
dehnbaren Beiwort zu bezeichnen, indem ich vom ‚modernen‘ Hypnotismus sprach. Ihr ausschliefslich ist das vorliegende Schriftenverzeichnis
gewidmet.

Erforderte es einerseits die historische Gerechtigkeit, nur das Zu-
sammengehörige als solches zu berücksichtigen, so sprach anderseits noch
ein praktischer Gesichtspunkt für die strenge Scheidung der verschiedenen
Perioden. Was nämlich Preyer, Heidenhain, Grützner, Berger und
viele Andere für den Hypnotismus geleistet haben, ist so allgemein bekannt,
dafs eine Zusammenstellung ihrer Schriften wenig Wert besitzt; aufserdem sind
die Hauptwerke dieser Richtung fast vollständig durch Fränkel, Bäumler,
Sallis und Preyer-Binswanger verzeichnet. Indem sie sämtlich fortfielen,
ergaben sich freilich manche Seltsamkeiten: dafs beispielsweise von Riegers
Arbeiten blos die letzte genannt werden konnte, Kaans treffliche Broschüre
völlig fehlt und dergleichen mehr, allein solche Opfer erfordert in jedem Falle
die strenge Durchführung eines Grundsatzes. Um so mehr habe ich mich
bemüht, jede litterarische Erscheinung auf dem Gebiete des modernen
Hypnotismus zu notieren, und auch manche Werke aus früheren Jahren
aufgenommen, die weniger wissenschaftlichen als geschichtlichen Wert besitzen. Übrigens sind gerade die eifrigsten Anhänger der neuen Richtung
mit den älteren Büchern so wenig vertraut, dafs die unvermeidlichen
historischen Einleitungen ziemlich ausnahmslos grobe Irrtümer enthalten.
Und die quellenmäfsige Darstellung einer nahen Vergangenheit, welche
fast Niemand recht kennt und doch Jedermann zu kennen glaubt, wird
dadurch gar sehr erschwert. Aber nur wenn die Geschichte unseres Gegen-

standes in den Stadien ihrer Entwickelung genau bekannt ist, wird derjenige, dem es nicht blos darum zu thun ist, seine Neugier zu befriedigen oder eine subjektive Überzeugung zu erlangen, sondern der vielmehr gewillt ist, den objektiven Fortschritt der Wissenschaft zu fördern, in der Lage sein, an der richtigen Stelle einzusetzen; er wird die Untersuchung da aufnehmen, wo sie stehen geblieben ist, und selbständig ein Steinchen auf den schon vorhandenen Bau aufsetzen, der also sich vollendet.

Diese Überlegungen bestimmten mich vornehmlich zu dem Entschlufs, eine ‚Kritische Geschichte des modernen Hypnotismus' zu schreiben. Jedoch schon bei den ersten Vorarbeiten stellte sich heraus, dafs es unmöglich sei, eine einigermafsen erschöpfende Übersicht zu geben, ohne den Fernerstehenden durch eine Masse schwerverständlicher Einzelheiten abzuschrecken, während es gerade in meiner Absicht lag, den für jeden Gebildeten bedeutsamen Gegenstand klar und einfach abzuhandeln. Da es nun bei der überaus regen Thätigkeit auf diesem Arbeitsfeld zu hoffen stand, dafs sich bald aus dem bunten Wirrsal feste Haltpunkte herausheben würden, so erschien es mir verständiger, zunächst diese Bemühungen durch die Veröffentlichung eigener Vorstudien zu fördern, als den Versuch einer abschliefsenden Darstellung zu wagen.

Nach zwei Richtungen hin hatten sich meine Untersuchungen bewegt. Vor allen Dingen waren dieselben experimenteller Natur, da ich innerhalb zweier Jahre Gelegenheit hatte, gegen zweihundert Personen erfolgreich zu hypnotisieren und viele davon bei planmäfsigen Forschungen zu benutzen, ja während dieser ganzen Zeit zu beobachten. Trotzdem habe ich mich nicht entschliefsen können, diese Erfahrungen in einzelnen Brocken preiszugeben, weil zu gewichtige Bedenken gegen ein solches unwissenschaftliches Verfahren sprechen und nur der Halbkenner in den beliebten casuistischen Beiträgen wertvolles Material wähnen kann. Dagegen erschienen mir die litterarischen Vorarbeiten durchaus mitteilenswert. Jeder, der den Fortschritt der Wissenschaft fördern möchte, mufs Einspruch erheben gegen das armselige Treiben gewisser gebildeter Liebhaber, welche immer und immer wieder längst bekannte und anerkannte Thatsachen wiederholen und der thörichten Meinung sind, als ob jeder neue Untersucher *ab ovo* anzufangen hätte, um etwas ganz anderes als seine Vorgänger herauszubringen oder deren Resultate zu bestätigen. Nicht der dürftige Ruhm des eifrigen Nachtreters lockt uns. Sondern festhaltend an der Kontinuität in aller Entwickelung gilt es, ohne Verletzung der weisen Vorsicht das trefflich begonnene Werk zum Ende zu führen: möge

sich hierbei das vorliegende Verzeichnis als ein brauchbares Hülfsmittel
bewähren. Überall war die Brauchbarkeit der leitende Gesichtspunkt.
Denn ersichtlich steht jede Einteilung, also auch die gewählte, mit der
natürlichen Zusammengehörigkeit der Dinge im Widersproh und bringt
Schiefheiten und Unzulänglichkeiten in Fülle mit sich, zuml der Willkür
des Anordners weite Grenzen gezogen sind; immerhin drfte die Aufstellung der neun Gruppen einen gewissen pädagogischen, nd vor Allem
praktischen Wert besitzen.

Unter I stehen alle Sammelwerke, d. h. diejenigen üb h r, welche
den Hypnotismus nach den verschiedenen Seiten seiner Bedeutung behandeln. Ferner Aufsätze allgemeiner Natur, Essais, deren uj te lanken
zu mannigfach sind, um sie auf eine Sonderabteilung zu be r nken. Berichte mit ausführlicher Berücksichtigung gröfserer Zusammen ng u. A. m.
Man lasse sich hier wie anderwärts nicht durch den oft ui rel klingenden Titel gewisser Schriften befremden: so weit sind w r. h nicht,
als dafs jeder Autor auf eine sinngemäfse Überschrift seiner Pl iten Wert
legte. Was allenfalls noch in die erste Gruppe gerechnet wi n k nnte,
aber aus irgendwelchen Gründen seinen Platz nicht dort fat wir l unter
‚Vergleiche‘ angeführt, und auf diese Weise die gewünschte ll t in ligkeit
erzielt, ohne dafs ein Werk mehrmals genannt zu werden bi ht Wenn
ich von ‚Vollständigkeit‘ spreche. so bin ich mir klar darübe dieselbe
nur eine verhältnismäfsige ist, da sicher manches Erwähnensw ul rsehen
wurde und ebenso sicher mehrere Neuheiten während der Druc in.r dieses
Kataloges erscheinen werden. — Unter II stehen alle Sch.t u. welche
sich mit der pathologischen Seite oder der therapeutische Verwertung
der Hypnose beschäftigen. Besonders schwierig war die S idung von
dem der Physiologie gewidmeten Hauptteil, weshalb ich gerde hier das
Hülfsmittel des ‚Vergleiche‘ ausgiebig in Anspruch zu nehm l itte. In
diesem Abschnitt finden sich ferner einige Artikel erwäbr eren Zusammengehörigkeit mit der neuen Schule bezweifelt werden kant: trotzdem schien mir ihre Aufnahme aus anderen Gründen unumgogli h nötig.
Schliefslich will ich doch ein für allemal hervorheben, obwoh s eigentlich
ausdrücklicher Versicherung nicht bedarf, dafs die zahllose populären
Aufsätze in Zeitschriften und Zeitungen aller Länder schoungslos aus
dieser Bibliographie verbannt wurden, sobald sie nicht wirkch neue Gedanken enthielten oder wenigstens eine symptomatische Bedeutng besafsen.
— Unter ‚Magnetismus und Hypnotismus‘ sind drei wichtige un interessante
Punkte zusammengefafst. Die Metallotherapie hat aber alleii schon eine

so gewaltige Litteratur hervorgerufen, dafs sie unmöglich in ganzem Um-
fange gegeben weron konnte, sondern nur insoweit Berücksichtigung fand,
als die Berührungsunkte mit den hypnotischen Zuständen deutlich hervortraten; desgleiche fehlen bei der Bibliographie über den magnetischen
Sinn alle Angaber von Werken über Odlicht und was damit zusammen-
hängt; und endlic wurde in der letzten Unterabteilung vieler Berichte
von Transfert-Beonchtungen bei Hysterikern nicht gedacht. Klärlich mit
Recht. Wer nämlich in der That sich mit diesen Dingen beschäftigen
will, der findet be den aufgezählten Gewährsmännern soviel Hinweise und
Litteraturangaben lafs er von selbst immer weiter dringt; hingegen würde
eine weitere Ausohnung dieser Liste die Handlichkeit derselben meines
Erachtens erheblio geschädigt haben. Ist doch in gleicher Überlegung
der Plan eines etwa ,Verwandte Zustände' zu überschreibenden Abschnittes
nicht zur Ausführung gelangt! — Von der vierten Gruppe gilt im Grofsen
und Ganzen, wa von I und II gesagt wurde. Ich will nur bemerken,
dafs sich unter en allerorts erschienenen Besprechungen der dort genannten Hauptscriften manche sachlich wertvolle befinden und ich nicht
verfehlen werde, ie bei anderer Gelegenheit zu nennen. In dem vorliegenden Versuc aber sind keine Rezensionen aufgeführt, da ich mich
aufser Stande füle einerseits die Fülle derselben zu überschauen, anderseits eine allgemu zweckmäfsige Auswahl zu treffen.

Der fünften Gruppe gebührt eigentlich der erste Platz. Es ist meine
feste Überzeugug, dafs die hypnotischen Zustände — von denen man
freilich einige änliche Erscheinungen schärfer trennen müfste — rein
psychischer Natr sind und demgemäfs in das Gebiet der Psychologie,
nicht in die Phriologie oder Pathologie fallen. Vorderhand steht indessen
die Sache doch o, dafs nach der Durchschnittsanschauung unserer Tage
die den letztgenannten Wissenschaften zugehörigen Begleitphänomene oder
krankhaften Ausrtungen als das Bleibende und Gewöhnliche erscheinen,
eine Auffassung welche sich leicht aus dem geschichtlichen Entwickelungs-
gange der Forschung erklärt. Aber wer da weifs, welche unsäglichen
Hindernisse durn solche irrigen Vorstellungen der reinen Erkenntnis der
Wahrheit bereit werden, der wird es auf's tiefste beklagen, dafs teils die
starke Kraft de Autoritätsglaubens, teils die an sich höchst unglückselige
Schaukelstuhlstlung der heutigen Psychologie eine schnelle Meinungs-
änderung kaum werden aufkommen lassen. Unsere Wissenschaft verdankt
eben nichts, schlechterdings nichts dem Glücke. Hoffen wir, dafs bei einer
späteren Zusammenstellung es der allgemeinen Ansicht entsprechen wird,

sich hierbei das vorliegende Verzeichnis als ein brauchbares Hülfsmittel bewähren. Überall war die Brauchbarkeit der leitende *Gesichtspunkt*. Denn ersichtlich steht jede Einteilung, also auch die gewählte, mit der natürlichen Zusammengehörigkeit der Dinge im Widerspruch und bringt Schiefheiten und Unzulänglichkeiten in Fülle mit sich, zumal der Willkür des Anordners weite *Grenzen* gezogen sind; immerhin dürfte die Aufstellung der neun *Gruppen* einen gewissen pädagogischen, und vor Allem praktischen Wert besitzen.

Unter I stehen alle Sammelwerke, d. h. diejenigen Bücher, welche den Hypnotismus nach den verschiedenen Seiten seiner Bedeutung behandeln. Ferner Aufsätze allgemeiner Natur, Essais, deren Hauptgedanken zu mannigfach sind, um sie auf eine Sonderabteilung zu beschränken, Berichte mit ausführlicher Berücksichtigung gröfserer Zusammenhänge u. Ä. m. Man lasse sich hier wie anderwärts nicht durch den oft unpassend klingenden Titel gewisser Schriften befremden: so weit sind wir noch nicht, als dafs jeder Autor auf eine sinngemäfse Überschrift seiner Arbeiten Wert legte. Was allenfalls noch in die erste *Gruppe* gerechnet werden könnte, aber aus irgendwelchen *Gründen* seinen Platz nicht dort fand, wird unter ,Vergleiche' angeführt, und auf diese Weise die gewünschte Vollständigkeit erzielt, ohne dafs ein Werk mehrmals genannt zu werden brauchte. Wenn ich von ,Vollständigkeit' spreche, so bin ich mir klar darüber, dafs dieselbe nur eine verhältnismäfsige ist, da sicher manches Erwähnenswerte übersehen wurde und ebenso sicher mehrere Neuheiten während der Drucklegung dieses Kataloges erscheinen werden. — Unter II stehen alle Schriften, welche sich mit der pathologischen Seite oder der therapeutischen Verwertung der Hypnose beschäftigen. Besonders schwierig war die Scheidung von dem der Physiologie gewidmeten Hauptteil, weshalb ich gerade hier das Hülfsmittel des ,Vergleiche' ausgiebig in Anspruch zu nehmen bitte. In diesem Abschnitt finden sich ferner einige Artikel erwähnt, deren Zusammengehörigkeit mit der neuen Schule bezweifelt werden könnte; trotzdem schien mir ihre Aufnahme aus anderen *Gründen* unumgänglich nötig. Schliefslich will ich doch ein für allemal hervorheben, obwohl es eigentlich ausdrücklicher Versicherung nicht bedarf, dafs die zahllosen populären Aufsätze in Zeitschriften und Zeitungen aller Länder schonungslos aus dieser Bibliographie verbannt wurden, sobald sie nicht wirklich neue *Gedanken* enthielten oder wenigstens eine symptomatische Bedeutung besafsen. — Unter ,Magnetismus und Hypnotismus' sind drei wichtige und interessante Punkte zusammengefafst. Die Metallotherapie hat aber allein schon eine

so gewaltige Litteratur hervorgerufen, dafs sie unmöglich in ganzem Um-
fange gegeben werden konnte, sondern nur insoweit Berücksichtigung fand,
als die Berührungspunkte mit den hypnotischen Zuständen deutlich hervortraten; desgleichen fehlen bei der Bibliographie über den magnetischen
Sinn alle Angaben von Werken über Odlicht und was damit zusammen-
hängt; und endlich wurde in der letzten Unterabteilung vieler Berichte
von Transfert-Beobachtungen bei Hysterikern nicht gedacht. Klärlich mit
Recht. Wer nämlich in der That sich mit diesen Dingen beschäftigen
will, der findet bei den aufgezählten Gewährsmännern soviel Hinweise und
Litteraturangaben, dafs er von selbst immer weiter dringt; hingegen würde
eine weitere Ausdehnung dieser Liste die Handlichkeit derselben meines
Erachtens erheblich geschädigt haben. Ist doch in gleicher Überlegung
der Plan eines etwa ‚Verwandte Zustände‘ zu überschreibenden Abschnittes
nicht zur Ausführung gelangt! — Von der vierten *Gruppe* gilt im Grofsen
und *Ganzen*, was von I und II gesagt wurde. Ich will nur bemerken,
dafs sich unter den allerorts erschienenen Besprechungen der dort genannten Hauptschriften manche sachlich wertvolle befinden und ich nicht
verfehlen werde, sie bei anderer *Gelegenheit* zu nennen. In dem vorliegenden Versuch aber sind keine Rezensionen aufgeführt, da ich mich
aufser Stande fühle einerseits die Fülle derselben zu überschauen, anderseits eine allgemein zweckmäfsige Auswahl zu treffen.

Der fünften *Gruppe* gebührt eigentlich der erste Platz. Es ist meine
feste Überzeugung, dafs die hypnotischen Zustände — von denen man
freilich einige ähnliche Erscheinungen schärfer trennen müfste — rein
psychischer Natur sind und demgemäfs in das *Gebiet* der Psychologie,
nicht in die Physiologie oder Pathologie fallen. Vorderhand steht indessen
die Sache doch so, dafs nach der Durchschnittsanschauung unserer Tage
die den letztgenannten Wissenschaften zugehörigen Begleitphänomene oder
krankhaften Ausartungen als das Bleibende und *Gewöhnliche* erscheinen,
eine Auffassung, welche sich leicht aus dem geschichtlichen Entwickelungs-
gange der Forschung erklärt. Aber wer da weifs, welche unsäglichen
Hindernisse durch solche irrigen Vorstellungen der reinen Erkenntnis der
Wahrheit bereitet werden, der wird es auf's tiefste beklagen, dafs teils die
starke Kraft des Autoritätsglaubens, teils die an sich höchst unglückselige
Schaukelstuhlstellung der heutigen Psychologie eine schnelle Meinungs-
änderung kaum werden aufkommen lassen. Unsere Wissenschaft verdankt
eben nichts, schlechterdings nichts dem *Glücke*. Hoffen wir, dafs bei einer
späteren Zusammenstellung es der allgemeinen Ansicht entsprechen wird,

wenn die Psychologie an die erste Stelle rückt, und dafs wir gegenüber der
jetzigen verhältnismäfsig dürftigen Ausbeute zahlreiche Arbeiten nennen
können, welche die Bedeutung des Hypnotismus für Inhalt und Methode
der Seelenlehre, für Aesthetik und Ethik erweisen. Ein kleiner Anfang ist
mit der Verwertung zu pädagogischen Zwecken gemacht; die Verhandlungen
hierüber fanden ihren passendsten Platz im Anschlufs an die fünfte Gruppe
und leiten zur sechsten über, welche keiner weiteren Erläuterung bedarf.

Abteilung VII und VIII treten scheinbar aus dem Rahmen des Ganzen
heraus. Und in der That sind Entwickelungsreihen in ihnen angedeutet,
welche nicht mit der Entstehung des modernen Hypnotismus zusammen-
fallen, aber — und dies gab den Ausschlag — so in denselben über-
gegangen sind, dafs eine strenge Scheidung weder möglich noch erwünscht
schien. Während man in England von dem sogenannten Gedankenlesen
ausging, allmählich zur übersinnlichen Gedankenübertragung fortschritt,
endlich den vollen Begriff der Telepathie fafste und dabei erst die französischen Forschungen zu Hülfe nahm, ist man in Frankreich nach selb-
ständigen Arbeiten über die *suggestion mentale* in elfter Stunde mit den
englischen Untersuchungen bekannt geworden, hat sich ihnen dann aber
so eng angeschlossen, dafs beispielsweise die grundlegenden Experimente
zu Hàvre vor den Vertretern beider Nationen stattfanden. In unserem
Verzeichnis sind durch die Anordnung beide Richtungen nach Möglichkeit
auseinandergehalten worden. — Wenn, wie die Anhänger der Telepathie
behaupten, die Einwirkung eines Menschen auf den anderen anders als
durch die bekannten Perzeptionsweisen vermittelt werden kann, so ver-
lieren die berichteten Phänomene von einer Fernwirkung der Medikamente
viel ihres rätselhaften Charakters. „Uns entlocken sie nur ein unwillkür-
liches Lächeln über den Enthusiasmus der Franzosen", meint ein deutscher
Gelehrter. Glücklich diejenigen, welche eine Erscheinung aus der Welt
geschafft glauben, wenn s i e sie nicht verstehen! Indessen mufs zugegeben
werden, dafs die betreffenden Versuche dringend einer Nachprüfung be-
dürfen. — Neben den Anhängern Charcots und neben den Suggestionnisten
giebt es eine dritte Schule in Frankreich, die der vorurteilsfreie Beobachter
nicht mehr ignorieren darf. Es sind die modernen Mesmeristen, einst
Fluidisten genannt, gemäfs der alten Theorie von der Übertragung eines
Fluidums, jetzt Ondulationnisten getauft, gemäfs der modernen Anschauung,
nach welcher die wirkenden Kräfte sich durch eine wellenförmige Bewegung
erklären. Sie sind mit der Gegenpartei völlig einig in bezug auf die That-
sächlichkeit der Erscheinungen, weichen jedoch von ihr ab, wenn es sich

darum handelt, die wesentliche Ursache oder den Mechanismus der Vorgänge aufzudecken: kurz, sie behaupten, dafs wirklich im menschlichen Körper eine Kraft vorhanden sei, fähig, dessen *Grenzen zu überschreiten und andere Wesen zu beeinflussen.* Natürlich lag es nicht in meiner Absicht, bei dem kurzen Überblick über die Vorläufer dieser Schule, welche ich der Aufzählung ihrer Vertreter vorausschickte, irgendwie erschöpfend zu sein. So fehlen alle diesbezüglichen italienischen Werke, z. B. dal Pozzos zahlreiche Arbeiten, Bertis *Magnetismo animale* (1852), Veratis *Trattato pratico di magnetismo animale* (1869) u. s. f. Auch von den deutschen, französischen und englischen Schriften wurden nur wenige nach ganz bestimmten, hier nicht zu erörternden Gesichtspunkten ausgewählt. Ebenso fielen alle diejenigen mesmeristischen Bücher der Gegenwart fort, welche aus irgendwelcher Veranlassung sich nicht mit dem Hypnotismus (im engeren Sinne) auseinandersetzen. — Unter IX ist Alles zusammengestellt, was sich sonst nicht einordnen lassen wollte. Natürlich hätte dieser Abschnitt bedeutend erweitert werden können: sind doch nicht einmal sämtliche Aufsätze der *Revue de l'Hypnotisme* in den vorangegangenen Teilen verzeichnet. Aber auch hier herrschten dieselben Gesichtspunkte, welche bei der Ausarbeitung der Hauptkapitel leitend waren. *)

Dagegen sind alle die kleinen Aufsätze aufgenommen worden, die der Verfasser später zu einem Buche vereinigte, obwohl bei gegenteiligem Verfahren über hundert Angaben erspart werden konnten. Einmal ist es nämlich für das Verständnis des thatsächlichen Entwickelungsganges durchaus unentbehrlich, sie kennen zu lernen, alsdann sehr angenehm, Manches in den Zeitschriftensammlungen öffentlicher Bibliotheken nachlesen zu können, was sich in einem dort meist nicht vorhandenen Sammelwerke vereinigt findet. Eine Einheitlichkeit in den Angaben der Belegnummern war schon aus dem Grunde nicht zu erzielen, weil die Zeitschriften selbst verschieden bezeichnen; stets gab die Leichtigkeit des Auffindens den Ausschlag. Für die Anordnung innerhalb der gröfseren Gruppen galten bestimmte, unschwer kenntliche Grundsätze, von denen indessen gelegentlich abgewichen wurde, um gewisse Zusammenhänge zur Anschauung zu bringen. Da es nun

---

*) Einige kleinere Bemerkungen mögen zusatzweise Erwähnung finden. Die Abkürzungen in den Zeitschriftenangaben folgen meist den gebräuchlichen; ein * vor dem Namen bedeutet, dafs die betreffende Arbeit eine These ist; Seitenzahlen sind nur dann für Anfang und Ende gegeben, wenn der Aufsatz mehr als zehn Seiten umfafst; im Übrigen bin ich den Grundsätzen gefolgt, nach denen der *Index Medicus* ausgearbeitet wird. Mehrere oft zitierte Artikel habe ich fortlassen müssen, weil ich sie trotz eifrigsten Nachsuchens in den betreffenden Journalen nicht entdecken konnte.

noch manche andere, so nicht zu berücksichtigende *Ges*ichtspunkte giebt, nach denen das Material sich verarbeiten läfst, so habe ich zur Probe einige Querschnitte beigefügt. Wer also etwa sich über den Stand der Suggestionsfrage unterrichten will, der hat nur nötig, in - der absichtlich unchronologisch gegebenen Reihenfolge die angezeigten Schriften zu lesen, und er wird, so hoffe ich, ein klares Bild der augenblicklichen Lage gewinnen. Aufserdem müssen diese Zusammenstellungen gewissermafsen als Notbehelf für das mangelnde Sachverzeichnis gelten, da es mir nicht möglich gewesen ist, ein solches in knappen Umrissen herzustellen und ich nicht gern das Büchlein um ein Drittel seines Umfanges vermehren wollte.

Es erübrigt mir noch, allen denen meine Erkenntlichkeit auszudrücken, welche mich durch ihre gütige Hülfe bei der Arbeit förderten. Für gelegentliche Mitteilungen und Ratschläge bin ich den nachgenannten Herren verpflichtet: Walter B e r g e r *(Leipzig)*, Prof. Dr. D a n i l e w s k y *(Charkow)*, Dr. F é r é *(Paris)*, Medizinalrat Dr. F r a e n k e l *(Dessau)*, Dr. H ü b b e - S c h l e i d e n *(Neuhausen bei München)*, Dr. M o l l *(Berlin)*, Dr. P e r r o n n e t *(Lyon)*. Ganz besonderen Dank aber schulde ich Herrn Dr. A. T. M y e r s *(London)*, der mir mit liebenswürdiger Bereitwilligkeit seine eigenen wertvollen Aufzeichnungen zur Verfügung stellte und sich an der Durchsicht der Korrekturbogen beteiligte, nachdem die Herren F r a e n k e l und B e r g e r die Angaben aus der italienischen bezw. skandinavischen Litteratur einer Revision unterzogen hatten. Die so bewiesene Teilnahme der genannten Herren läfst mich die Erfüllung eines langgehegten Planes erhoffen, der unabhängig von meinem etwa in Jahresfrist erscheinenden Werke zur Ausführung gelangen könnte. Es ist dies ein Jahresbericht über die Fortschritte auf unserem *Ge*biete, der Inhaltsangaben und kurze Besprechungen aller neuen litterarischen Erscheinungen enthalten und zugleich als fortführende Ergänzung der vorliegenden Bibliographie gelten würde. Sollte indessen auch dieses Unternehmen nicht zu Stande kommen, so werde ich doch jedenfalls in angemessenen Zwischenräumen Nachträge zu dem gegebenen Verzeichnis erscheinen lassen und bitte daher alle diejenigen Schriftsteller, Redakteure und Verleger, welche Arbeiten über den modernen Hypnotismus veröffentlichen, dieselben an meine Privatadresse (Berlin, W, Köthenerstr. 27) gelangen zu lassen.

Mitte April 1888.   **Max Dessoir.**

Zeitschriftenliste.

(Die Umschliefsung durch eckige Klammern zeigt an, dafs die betreffende Zeitschrift nicht mehr besteht.)

Abeille médicale. Paris.

Alienist and Neurologist. A quarterly journal of scientific, clinical and forensic psychiatry and neurology. Saint Louis.

Allgemeine konservative Monatsschrift. Leipzig.

Allgemeine Schweizer Zeitung. Basel.

Allgemeine Wiener medicinische Zeitung. Wien.

Allgemeine Zeitschrift für Psychiatrie und psychisch-gerichtliche Medicin. Berlin.

Allgemeine Zeitung. München.

American journal of Psychology. Baltimore.

American journal of the medical sciences. Philadelphia.

American Lancet. A monthly exponent of rational medicine. Detroit.

Annales de gynécologie. Paris.

Annales de la Société de médecine d'Anvers. Anvers.

Annales de la Société de médecine de Gand. Gand.

Annales de la Société médico-chirurgicale de Liége. Liége.

Annales d'hygiène publique et de médecine légale. Paris.

Annales d'oculistique. Bruxelles.

Annales médicales de la Flandre occidentale. Roulers.

Annales médico-psychologiques. Paris.

Annali universali di medicina e chirurgia. Milano.

Archiv dlae psíchiatrii, nevrologii i ssudetpoi psichopatologii. [Früher: Charcow; jetzt:] Kiew.

Archives de médecine navale. Paris.

Archives de neurologie. Revue mensuelle des maladies nerveuses et mentales. Paris.

Archives de physiologie normale et pathologique. Paris.

Archives de tocologie, maladies des femmes et des enfants nouveau-nés. Paris.

Archives d'ophthalmologie. Paris.

Archives générales de médecine. Paris.

Archives italiennes de biologie. Paris.

Archivio di psichiatria, antropologia criminale e scienze penali, per servire allo studio dell' uomo alienato e delinquente. Torino.

Archivio italiano per le malattie nervose, e più particolarmente per le alienazioni mentali. Milano.

Archivos de medicina y cirugia de los niños. Organo de las clinicas del hospital de Niño Jesus de Madrid. Madrid.

Art médical. Intérêts sociaux, scientifiques et professionnels. Bruxelles.

Atti dell Accademia fisio-medico-statistica di Milano. Milano.

Atti del quarto Congresso della Società freniatria italiana, tenuto in Voghera dal 16 al 22 settembre 1883. (Supplement zu: Arch. ital. per le mal. nerv., Bd. XX, Milano, 1883.) Milano.

Atti del reale Istituto Veneto di scienze, lettere ed arti. Venezia.

Australasian medical gazette. The official journal of the combined Australasian branches of the British medical association and other medical societies in Australia and New-Zealand. Sydney.

Berliner klinische Wochenschrift. Berlin.

[Boletin de medicina y cirugia. Madrid.]

Boston Medical and Surgical Journal. Boston.

Brain. A journal of neurology. London.

[British and Foreign Medico Chirurgical Review. London.]

Bulletin de l'Académie de médecine. Paris.

Bulletin de l'Académie Royale des sciences de Belgique. Bruxelles.

Bulletin de la Société d'anthropologie de Bordeaux et du Sud-Ouest. Bordeaux.

Bulletin de la Société de médecine de Gand. Gand.

Bulletin général de thérapeutique médicale et chirurgicale. Paris.

Bulletins de la Société de Psychologie physiologique. Paris.

Bulletins (et mémoires) de la Société de chirurgie de Paris. Paris.

Bulletins (et mémoires) de la Société médicale des hôpitaux de Paris. Paris.

Bullettino del Comitato medico Cremonense. Cremona.

Bullettino delle scienze mediche, pubblicato per cura della Società medico-chirurgica di Bologna. Bologna.

Centralblatt für die medicinischen Wissenschaften. Berlin.

Centralblatt für Nervenheilkunde, Psychiatrie und gerichtliche Psychopathologie. Leipzig.

Centralblatt für Physiologie. Berlin.

[Charleston medical journal and review. Charleston.]

Christiania Videnskabs-Selskabets Forhandlinger. Christiania.

College and Clinical Record. A monthly medical journal, conducted especially in the interest of the graduates and students of Jefferson Medical College. Philadelphia.

Collezione italiana di letture sulla medecina. Milano.

Comptes rendus de l'Académie des sciences. Faris.

Comptes rendus de l'Académie des sciences morales et politiques. Paris.
Comptes rendus de l'Association française pour l'avancement des sciences. Paris.
Comptes rendus et mémoires des séances de la Société de biologie. Paris.
Correo médico castellano. Revista mensual de medicina, cirugia, farmacia y ciencias auxiliares. Salamanca.
Correspondenzblatt für die Schweizer Ärzte. Basel.
Critique philosophique. Paris.
Crónica médica. Lima.

Deutsche medicinische Wochenschrift. Leipzig.
Deutsche Medizinal-Zeitung. Berlin.
Diario dell' ospizio di San Benedetto in Pesaro. Pesaro.
Dublin journal of medical science. Dublin.

Eira. Tidskrift för Helso-och Sjukvård. Goeteborg.
Ejenedielnaja klinicheskaja gazeta. St. Petersburg.
Encéphale. Journal des maladies mentales et nerveuses. Paris.
España médica. Periódico destinado principalmente à defender los derechos, que en el progresso social tienen las clases médicas. Madrid.

Finska läkare-sällskapets handlingar. (Verhandlungen des Vereins finnischer Ärzte.) Helsingfors.
Fortnightly Review. London.
France médicale. Paris.

Gaceta médica de Mexico. Periódico de la seccion médica de la comision cientifica. Mexico.
Γαληνός, ἰατρικόν σύγγραμμα. Ἀθῆναι.
Gazette des hôpitaux civils et militaires. Paris.
Gazette hebdomadaire de médecine et de chirurgie. Paris.
Gazette hebdomadaire des sciences médicales de Bordeaux. Bordeaux.
Gazette médicale de Paris. Paris.
Gazette médicale de Picardie. Amiens.
Gazzetta degli ospitali. Milano.
Gazzetta delle cliniche. Torino.
Gazzetta medica italiana lombarda. Milano.
[Gazzetta medica italiana, provincie Venete. Padova.]
Gegenwart. Wochenschrift für Litteratur, Kunst und öffentliches Leben. Berlin.
Geneeskundige Courant voor hat koningrijk der Nederlanden. Tiel.
Génio médico-quirurgico. Périodico de ciencias médicas consagrado al progreso de las mismas y bien estar de los professores. Organo oficial

de los escolares médicos. Ateneo de alumnos internos y Academia medico-farmacéutica escolar. Madrid.
Giornale di neuropatologia. Rivista bimestrale sulle malattie nervose. Napoli.

Hygiea. *Medicinsk och pharmaceutisk Månasd-skrift. Stockholm.*

Internationale klinische Rundschau. Centralblatt für die gesamte praktische Heilkunde, sowie für die Gesamtinteressen des ärztlichen Standes. Wien.
[Ippocratico. Giornale di medicina e chirurgia. Fano; Forli.]
Irrenfreund. Heilbronn.
[Italia medica. Genova.]

Journal *de l'anatomie et de la physiologie normale et pathologique de l'homme et des animaux. Paris.*
Journal de la Société de médecine et de pharmacie de la Haute-Vienne. Limoges.
Journal de la Société de médecine et de pharmacie de l'Isère. Grenoble.
Journal de médecine de Bordeaux. Bordeaux.
Journal de médecine, de chirurgie et de pharmacologie publié par la société royale des sciences médicales et naturelles de Bruxelles. Bruxelles.
Journal de médecine de Paris, revue générale de la presse médicale française et étrangère. Paris.
Journal de médecine et de pharmacie de l'Algérie. Alger.
[Journal de thérapeutique. Paris.]
Journal des connaissances médicales pratiques et de pharmacologie. Paris.
Journal des sciences médicales de Lille. Revue mensuelle publiée par un groupe de professeurs de la faculté libre de médecine et de pharmacie. Lille.
Journal of mental science. London.
Journal of nervous and mental disease. [Früher Chicago; jetzt:] New-York.
Journal of physiology. London and Cambridge.
Journal of psychological medicine and mental pathology. London.

Kansas *City Review of Science and Industry. Kansas City, Missouri.*
Klinische Zeit- und Streitfragen. Wien.

Lancet. *A journal of British and foreign medicine, surgery, obstetrics, physiology, chemistry, pharmacology, public health and news. London.*
Liverpool medico-chirurgical journal, including the proceedings of the Liverpool medical Institution. Liverpool.
Loire médicale. Organe officiel de la société de médecine de St. Étienne et de la Loire. Saint Étienne.
Lyon médical. Lyon.

Marseille médical. Organe officiel de la société de médecine. *Marseille.*

Maryland Medical Journal. Baltimore.

Médecin. Moniteur de la santé publique. *Paris.*

Médecin clinical. Paris.

Médica castellana. Revista quincenal de medicina, cirujia, farmacia y ciencias auxiliares. *Valladolid.*

Medical and surgical reporter. A weekly journal. *Philadelphia.*

Medical press of western New-York. *Buffalo.*

Medical Record. A weekly journal of medicine and surgery. *New-York.*

Medical Times and Gazette. London.

Medicina contemporanea. Giornale periodico mensile di scienza e pratica medico-chirurgica. *Napoli.*

Medicinskoe Obosrenie. Moskwa.

Messager. Liége.

Mind. A quarterly review of psychology and philosophy. *London and Edinburgh.*

Moniteur scientifique. Journal des sciences pures et appliquées, compterendu des académies et sociétés savantes et revue des progrès accomplis dans les sciences mathématiques, physiques et naturelles; travaux publiés à l'étranger; revue des inventions nouvelles et industrie manufacturière des arts chimiques. *Paris.*

Morgagni. Napoli.

Münchener medicinische Wochenschrift. Organ für amtliche und practische Ärzte. *München.*

Nation. Wochenschrift für Politik, Volkswirtschaft und Litteratur. *Berlin.*

Nature. A weekly illustrated journal of science. *London.*

Neurologisches Centralblatt. Übersicht der Leistungen auf dem Gebiete der Anatomie, Physiologie, Pathologie und Therapie des Nervensystems einschliefslich der Geisteskrankheiten. *Leipzig.*

New-York Medical Journal; a monthly record of medicine and the collateral sciences. *New-York.*

Nice médical. Climatologie — Médecine pratique — Hygiène. Organe officiel de la Société de médecine et de climatologie de Nice. *Nice.*

Norsk Magazin for Läge videnskaben. Udgivet af det medicinske Selskab i Kristiania. *Kristiania.*

Nouvelle Revue. Paris.

Nouvelles archives d'obstétrique et de gynécologie. Paris.

Nuova Antologia. Roma.

Orvosi hetilap. Honi s külföldi gyógyászat és kórbuvárlat közlönye. (Medicinische Wochenschrift. Organ für die in- und ausländische Medicin und pathologische Forschung.) *Budapest.*

Pacific Medical and Surgical Journal and western lancet. San Francisco.
Papers read before the medico-legal Society of New-York. *New-York.*
Pester medicinisch-chirurgische Presse. Budapest.
Petersburger medicinische Wochenschrift. St. Petersburg.
Philadelphia Medical Times. A weekly journal of medical and surgical science. *Philadelphia.*
Polyclinic. A monthly journal of medicine and surgery, conducted by the faculty of the Philadelphia polyclinic and college for graduates in medicine. *Philadelphia.*
Popular Science Monthly. New-York.
Practicien. Paris.
Prager medicinische Wochenschrift. Prag.
Proceedings of the American Society for Psychical Research. *Boston.*
Proceedings of the Medical Society of the County of Kings. *Medical and scientific papers, reports, discussions and notes, published monthly in the interest of the profession of Kings County. Brooklyn, N. Y.*
Proceedings of the Royal Institution of Great Britain. *London.*
Proceedings of the Society for Psychical Research. *London.*
Progrès médical. Paris.
Przeglad lekarski wydarany staraniem etc. Krakowiek.
Psichiatria, la neuropatologia e le scienze affini. Napoli.
Psychiatrische bladen. Uitgegeven door de Nederlandsche vereenigung voor psychiatrie. *Dortrecht.*
Psychische Studien. Monatliche Zeitschrift, vorzüglich der Untersuchung der wenig gekannten Phänomene des Seelenlebens gewidmet. *Leipzig.*

Raccoglitore medico [früher: di Fano]. Giornale indirizzato al progresso della medicina e chirurgia pratica e degli interessi morali e professionali specialmente dei medici-chirurgi condotti. *Forli.*
Recueil des actes du comité médical des Bouches-du-Rhône. *Marseille.*
Recueil d'ophthalmologie. Paris.
Revista de ciencias médicas. Periódico mensual de conocimientos médicos. *Barcelona.*
Revista de médicina y cirugía praticas. Madrid.
Revista dos cursos praticos e theoreticos da Faculdade de medicina de Rio de Janeiro. Rio de Janeiro.
Revue de la Réforme iudiciaire. Recueil historique et critique de la législature et des institutions iudiciaires. *Paris.*
Revue de l'Hypnotisme experimental et thérapeutique. Paris.
Revue des deux mondes. Paris.
Revue des sciences hypnotiques. Paris.
Revue des sciences médicales en France et à l'étranger. Recueil trimestriel analytique, critique et bibliographique. *Paris.*
Revue du siècle. Lyon.

Revue générale d'ophthalmologie. Recueil mensuel bibliographique, analytique, critique. Paris.

Revue internationale. Rome.

[Revue internationale des sciences biologiques. Paris.]

Revue médicale de la Suisse Romande. Genéve.

Revue médicale de l'est. Nancy.

Revue médicale de Toulouse. Toulouse.

[Revue mensuelle de médecine et de chirurgie. Paris.]

Revue philosophique de la France et de l'étranger. Paris.

Revue politique et littéraire. Paris.

Revue sanitaire de Bordeaux et du sud-ouest. Bordeaux.

Revue scientifique. Paris.

Rivista di filosofia scientifica. Torino e Milano.

Rivista sperimentale di freniatria e di medicina legale in relazione con l'antropologia e le scienze giuridiche e sociali. Reggio-Emilia.

Rocky Mountain Medical [früher: Review, jetzt:] times. A monthly journal of medical, surgical and obstetrical science. [Früher: Colorado Springs, jetzt:] Denver.

Russkaje medicina. Ejenedielnue journal medicini i gigieni. Woskresensk.

Saint Bartholomew's hospital reports. London.

Science. An illustrated weekly journal. [Früher: Cambridge, U. S.; jetzt:] New-York.

Science catholique. Paris.

Science et nature. Paris.

Semaine médicale. Paris.

Sentido católico en las ciencias médicas. Barcelona.

Siglo médico. Boletin de medicina y gaceta médica. Periódico oficial de la real academia de medicina de Madrid y de la sociedad de secorros mutuos. Madrid.

Soobschenija i protokoly zasedanii St. Petersburgskago medicinskago obschestra. St. Petersburg.

Spallanzani. Rivista teorico-pratica di scienze mediche e naturali. Roma.

Sperimentale; ovvero giornale critico di medicina e chirurgia per servire ai bisogni dell' arte salutare. Firenze.

Sphinx. Monatsschrift für die geschichtliche und experimentale Begründung der übersinnlichen Weltanschauung auf monistischer Grundlage. [Früher: Leipzig, jetzt:] Gera.

Thérapeutique contemporaine. Paris.

Tidsskrift for praktisk medicin. Kristiania.

Transactions of the medical and chirurgical faculty of the state of Maryland. Baltimore.

Tribune médicale. Paris.

Ugeskrift for Laeger. Kjöbenhavn.
Union médicale. Paris.

Verhandlungen der Berliner medicinischen Gesellschaft. Berlin.
Verhandlungen des Congresses für innere Medicin. Wiesbaden.
Vierteljahrsschrift für wissenschaftliche Philosophie. Leipzig.

Weekblad van de nederlandsch tijdschrift voor geneeskunde. Amsterdam.
Wiener medicinische Wochenschrift. Wien.
Wratsch. (Der Arzt.) St. Petersburg.

Zeitschrift für die gesamte Strafrechtswissenschaft. Berlin.

Die wichtigsten Fachzeitschriften sind:

SPHINX, Monatsschrift für die geschichtliche und experimentale Begründung der übersinnlichen Weltanschauung auf monistischer Grundlage. Herausgegeben von Hübbe-Schleiden, Dr. J. U. (Expedition der Sphinx in Gera (Reufs).)

REVUE DE L'HYPNOTISME expérimental et thérapeutique. Paraissant tous les mois. Psychologie — Pédagogie — Médecine légale — Maladies mentales et nerveuses. Rédacteur en chef: Docteur Edgar Bérillon. (Rédaction: 40 bis, rue de Rivoli; Administration: 170 rue Saint Antoine, Paris.)

PROCEEDINGS of the SOCIETY FOR PSYCHICAL RESEARCH. (London, Truebner and Co., Ludgate Hill.) [Erscheint in unregelmäfsigen Zwischenräumen.]

I.

Allgemeines.

————

1855. 1. **Littré** et **Robin:** Mesmérisme, Somnambulisme. *Dict. de méd.* Paris, 1855.

2. **Philips (Durand de Gros):** Électro-dynamisme vital ou les relations physiologiques de l'esprit et de la matiére, démontrées par des expériences entièrement nouvelles et par l'histoire raisonnée du systéme nerveux. Paris, 1855.

1859. 3. **Torget:** Hypnotisme. *Union méd.,* Ser. II, Bd. IV, S. 219. Paris, 1859.

1860. 4. **Philips:** Cours théorique et pratique de braidisme, ou hypnotisme nerveux considéré dans ses rapports avec la psychologie, la physiologie et la pathologie, et dans ses applications à la médecine, à la chirurgie, à la physiologie expérimentale, à la médecine légale et à l'éducation. Paris, 1860. Vgl. *Journ. psych. Med.,* Bd. XIII, S. 516 bis 525. London, 1860.

5. **Demarquay** et **Giraud-Teulon:** Recherches sur l'hypnotisme ou sommeil nerveux, comprenant une série d'expériences instituées à la Maison municipale de santé. Paris, 1860. Vgl. *Gaz. méd. de Paris,* Ser. III, Bd. XIV, S. 811. 1859. Ferner: *ebenda,* Bd. XV, S. 15 u. 33. 1860.

6. **Moss:** Results of some researches on hypnotism by Drs. Demarquay and Giraud-Teulon. *Journ. & Rev. Charleston med.,* Bd. XV, S. 603. 1860.

7. **Gigot-Suard:** Les mystéres du magnétisme animal et de la magie dévoilés, ou la vérité démontrée par l'hypnotisme. Paris, 1860.

8. **Azam:** Note sur le sommeil nerveux ou hypnotisme. *Arch. gén. de méd.,* Ser. V, Bd. XV, S. 5—23. Paris, 1860.

1860. 9. **Liégey:** Quelques mots à l'occasion de l'hypnotisme et du magnétisme. *Ann. méd. de la Flandre occid.,* Bd. X, S. 673. Roulers, 1860.

10. **Maury:** Le somnambulisme naturel et l'hypnotisme. *Rev. des deux mondes,* Jahrg. XXX, S. 25. Paris, 1860.

11. **Rossi:** Lettre sur l'hypnotisme. *Gaz. méd. de Paris,* Ser. III, Bd. XV, S. 86. 1860.

12. **Dunand:** Magnétisme. Somnambulisme. Hypnotisme. Considérations nouvelles sur le systéme nerveux, ses fonctions et ses maladies. Paris 1860.

13. **Desmartis:** De l'hypnotisme. Bordeaux, 1860.

14. **Dupuy:** L'hypnotisme, compte rendu des conférences du docteur A.-J.-P. Philips. Paris, 1860.

15. **Strambio:** Sull' ipnotismo e sui fenomeni di somnambulismo artificiale. *Gazz. med. ital. lomb.,* Ser. IV, Bd. V, S. 93. Milano, 1860.

16. **Turchetti:** Sull' ipnotismo. *Raccoglitore med. di Fano,* Bd. XXI, S. 71 u. 83. 1860.

17. **Castelo y Serra:** Mas noticias sobre el hipnotismo. *Siglo méd.,* Bd. VII, S. 3 u. S. 54. Madrid, 1860.

18. **de Olavide:** Del hipnotismo. *España méd.,* Bd. V, S. 42. Madrid, 1860.

1861. 19. **Hébert:** Recherches sur l'hypnotisme et ses causes, suivies d'un discours prononcé dans l'assemblée des chirurgiens-dentistes du mois de décembre 1860. Saint-Germain-en-Laye. 1861.

1864. 20. **Lallart:** Essai sur l'hypnotisme, nouvelle découverte, précédé d'explications sur le magnétisme et le somnambulisme. Soissons, 1864.

1865. 21. **[Casc.]:** Le sommeil nerveux, ou la catalepsie artificielle. *Monit. scient.,* Ser. II, Bd. II, S. 328. Paris, 1865.

1866. 22. **Liébeault:** Du sommeil et des états analogues considérés au point de vue de l'action du moral sur le physique. Paris, 1866.

1873. 23. **Dechambre:** Mesmérisme. *Dict. encycl. des sciences méd.,* Bd. VII, S. 143. Paris, 1873.

1874. 24. **Duval:** Hypnotisme. *Nouv. dict. de méd. et de chir. prat.,* Bd. XVIII, S. 123. Paris, 1874.

25. **Rogers:** Hypnotism. *Pacific Med. & Surg. Journ.,* Bd. XVI, S. 503. San Francisco, 1874.

1875. 26. **Espanet:** Hystéricisme et hystérie; du sommeil hystérique en particulier. Paris, 1875.

27. **Richet:** Du somnambulisme provoqué. *Journ. de l'anat. et de la physiol.,* Bd. XI, S. 348. Paris, 1875.

28. **Bouchut:** De l'hypnotisme spontané. *Gaz. des hôp.,* Jahrg. XLVIII, S. 194. Paris, 1875. — *Allg. Wien. med. Ztg.,* Bd. XX, S. 98 u. S. 110. 1875.

1876. 29. **Clarke:** Experiments on hypnotism. *Pop. Science Monthl.,* Bd. IX, S. 211. New-York, 1876.

1878. 30. **Charcot:** Contracture hystérique et aimant; phénomènes curieux de transfert. — Phénomènes divers de l'hystéro-épilepsie. Catalepsie provoquée artificiellement. — Épisodes nouveaux de l'hystéro-épilepsie. Zoopsie. Catalepsie chez les animaux. — L'attaque hystéro-épileptique. *Gaz. des hôp.,* Jahrg. LI, S. 1074, 1075, 1097, 1121. Paris, 1878. — Vgl. *Compt. rend. Soc. de biol.,* Ser. VI, Bd. V, S. 119 u. S. 230. Paris, 1878.

31. **Richer:** Catalepsie et somnambulisme hystériques provoqués. *Progrès méd.,* Jahrg. VI, S. 973. Paris, 1878.

32. **de Ranse:** Des phénomènes léthargiques ou hypnotiques et cataleptiques de l'hystérie. *Gaz. méd. de Paris,* Ser. V, Bd. VII, S. 587. 1878.

33. **Romanes:** Hypnotism. *Nature,* Bd. XVIII, S. 492. London, 1878.

1879. 34. **Richer:** Étude déscriptive de la grande attaque hystérique et de ses principales variétés. Paris, 1879.

1880. 35. **Chambard** et **Ball:** Hypnotisme, Mesmérisme, Somnambulisme. *Dict. encycl. des sciences méd.* Paris, 1880.

36. **Richet:** Du somnambulisme provoqué. *Rev. philos.* Bd. X, S. 337, 374 u. 462—484. Paris, 1880.

37. **Börner:** Tierischer Magnetismus und Hypnotismus. *Deutsche med. Wchschr.,* Bd. VI, S. 89. Leipzig, 1880. Französisch in: *Journ. de méd., chir. et pharmacol.,* Bd. LXXI, S. 24,

105, 339, 444, 556; Bd. LXXII, S. 48 u. S. 50. Bruxelles, 1880 u. 1881.

1880. 38. **Coupland:** Spontaneous hypnotism. *Journ.* of *ment. science,* Bd. XXVI, S. 41. London, 1880.

39. **Romanes:** Hypnotism. *Pop. Science Monthl.,* Bd. XVIII. S. 108. New-York, 1880. — *Rocky Mountain Med. Rev.,* Bd. I, S. 92. Colorado Springs, 1880.

40. **L. A.:** Quelques réflexions sur l'hypnotisme et le magnétisme. Paris, 1880.

1881. 41. **Charcot et Richer:** Contribution à l'étude de l'hypnotisme chez les hystériques. *Arch. de neurol.,* Bd. II, S. 32 u. S. 173; Bd. III, S. 129 u. S. 310; Bd. V, S. 307. Paris, 1881, 1882 u. 1883. Vgl. *Progrès méd.,* Jahrg. IX. S. 271 u. 297. Paris, 1881. — *Gaz. des hóp.,* Jahrg. LIV, S. 293 u. S. 315. Paris, 1881.

42. **Motet:** Accès de somnambulisme spontané et provoqué. *Ann. d'hyg.,* Bd. V, S. 214. Paris, 1881.

43. **Bourneville** et **Regnard:** Iconographie photographique de la Salpêtrière. Bd. III: Du sommeil, du somnambulisme, du magnétisme, des zones hystérogènes chez les hysté- riques. Paris, 1881.

44. **Regnard:** Sommeil et somnambulisme. *Rev. scient.,* Ser. III, Bd. I, S. 386—398. Paris, 1881.

45. **Chambard:** Actions hypnogéniques. — Hyperexcitabilité neuro- musculaire hypnotique. — Hypnose hémicérébrale etc. *Encéph.,* Bd. I, S. 95—114 u. S. 236—250. Paris, 1881.

46. *****Chambard:** Du somnambulisme en général: nature, relations, signification nosologique et étiologie, avec huit obser- vations de somnambulisme hystérique. Paris, 1881.

47. **Ladame:** La névrose hypnotique ou le magnétisme dévoilé. Genève, 1881.

48. **Lasègue:** Le braidisme. *Rev. des deux mondes,* Jahrg. LI, S. 914—933. Paris, 1881. Vgl. Lasègue, Études médicales, Bd. I, S. 207—232. Paris, 1884.

49. **Senso:** La vérité sur le magnétisme animal. Lausanne, 1881.

50. *****Heerwagen:** Über hysterischen Hypnotismus. Dorpat, 1881.

51. **Hack Tuke:** Hypnosis redivivus. *Journ. of ment. science,* Bd. XXVI, S. 531—551. London, 1881.

1881. 52. **Beard:** Nature and phenomena of trance (hypnotism or somnambulism). New-York, 1881.

53. **Mann:** Hypnotism, monoideaism etc. *Coll. & Clin. Record,* Bd. II, S. 150. Philadelphia, 1881.

54. **Girdner:** Concerning hypnotism. *Med. Rec.,* Bd. XX, S. 472. New-York, 1881.

55. **Tamburini e Seppilli:** Contribuzione allo studio sperimentale dell' ipnotismo; prima communicazione: *Riv. sper. di fren.,* Jahrg. VII, S. 261. Reggio-Emilia, 1881: Ricerche sui fenomeni di senso, di moto, del respiro e del circolo nell' ipnotismo, e sulle loro modificazioni per gli agenti estesiogeni e termici. Seconda communicazione, *ebenda,* Jahrg. VIII, S. 392, 1883: Ricerche sui fenomeni di moto, di senso, del respiro e del circolo nelle così dette fasi letargica, catalettica e sonnambolica della ipnosi isterica. Vgl. *Arch. ital. de biol.,* Bd. II, S. 273. Paris, 1882.
Eine deutsche Uebersetzung erschien unter dem Titel: Tamburini und Seppilli, Anleitung zur experimentellen Untersuchung des Hypnotismus. Übersetzt von Dr. M. O. Fränkel, Wiesbaden, 1882. Zweites Heft: Wiesbaden, 1885.

56. **Seppilli:** Gli studj recenti sul cosi detto magnetismo animale. Torino, 1881.

57. **Buccola:** Sui fenomeni e sulla natura dell' ipnotismo. *Riv. di filos. scient.,* Bd. I, S. 201. Torino e Milano, 1881.

58. **Uspenski:** Über gewisse Erscheinungen in der Hypnose. *Ejened. klin. gaz. St. Petersb.,* Bd. I, S. 75. 1881.

1882. 59. *****Descourtis:** De l'hypnotisme. Paris, 1882.

60. **Charcot:** Essai d'une distinction nosographique des divers états nerveux, compris sous le nom d'hypnotisme. *Compt. rend. acad. des sciences,* Bd. XCIV, S. 403. Paris, 1882. Vgl. *Gaz. des hôp.,* Jahrg. LV, S. 21, 53, 75, 77, 165. Paris, 1882.

61. — —: Note sur les divers états nerveux déterminés par l'hypnotisation sur les hystéro-épileptiques. *Progrès méd.,* Bd. X, S. 124. Paris, 1882. Vgl. *Tribune méd.,* Bd. XIV, S. 102. Paris, 1882. *Union méd.,* Ser. III, Bd. XXXIII, S. 265 u. S. 289. Paris, 1882.

62. **Richer:** Magnétisme animal et hypnotisme. *Nouv. Rev.,* Bd. XVII, S. 537—615. Paris, 1882.

1882. 63. * * * : Hypnotism in Paris. *Lancet,* 1882, I, S. 842 u. S. 1057 ; II, S. 163, 768, 1057. London.

64. **Mills:** Review of hypnotism. *Amer. journ. of med. sciences,* Bd. LXXXIII, S. 143—163. Philadelphia, 1882. Vgl. *Phil. Med. Times,* Bd. XII, S. 97. — *Rev. intern. des sciences biol.,* Bd. IX, S. 432—464. Paris 1882.

65. **Engel:** The lethargic, cataleptic and somnambulic state of hypnotism. *Phil. Med. Times,* Bd. XIII, S. 19. 1882.

66. **Beard:** The study of trance, muscle reading, and allied nervous phenomena in Europe and America, with a letter on the moral character of trance subjects, and a defence of Dr. Charcot. New-York, 1882.

67. **Gray:** Hypnotism illustrated on man and animals. *Proc. Med. Soc. County Kings,* Bd. VII, S. 59. Brooklyn, N.-Y., 1882.

68. **Beard:** Current delusions relating to hypnotism. *Alien. & Neurol.,* Bd. III, S. 57. St. Louis, 1882.

69. **Seppilli:** Delle nuove ricerche sull' ipnotismo. *Riv. sper. di fren.,* Jahrg. VIII, S. 123. Reggio-Emilia, 1882.

70. **de Giovanni:** Sull' ipnotismo. *Atti r. Ist. Veneto di sc., lett. ed. arti,* Ser. VI, Bd. I, S. 31. Venezia, 1882.

71. **Cernuscoli:** L'ipnosi. *Gazz. med. ital., prov. Venete,* Bd. XXV, S. 93—119. Padova, 1882.

72. **Cattani:** L'ipnotismo secondo gli studj recenti. *Gazz. med. ital. lomb.,* Bd. XXXIII, S. 263, 273, 283, 343, 353. Milano, 1882.

1883. 73. **Brémaud:** Hypnotisme chez des sujets sains. *Compt. rend. Soc. de biol.,* Ser. VII, Bd. V, S. 619. Paris, 1883.

74. **Pitres:** Présentation d'une malade chez laquelle ou provoque facilement le sommeil hypnotique. *Journ. de méd. de Bordeaux.* Bd. XII, S. 501. 1883.

75. **Magnin:** Réflexions générales sur l'hypnotisme. Sensibilité, impressionabilité et contractures réflexes à l'état de veille et dans les différentes périodes du sommeil provoqué. *Gaz. des hôp.,* Jahrg. LVI, S. 1156. Paris, 1883. Vgl. *Tribune méd.,* Bd. XV, S. 606. Paris, 1883. — *Médecin,* Bd. IX, S. 1. Paris, 1883. — *Compt. rend. Soc. de biol.,* Ser. VII, Bd. V, S. 43. Paris, 1884.

1883. 76. **Boyland:** Hypnotism. *Trans. med. & chir. facul. Maryland,* Bd. I, S. 259. Baltimore, 1883.

77. **Berti:** Sul magnetismo. Roma, 1883.

78. **Raggi:** De più recenti studj intorno all' ipnotismo. *Ann. univ. di med. e chir.,* Bd. CCLXIII, S. 328—352. Milano, 1883.

1884. 79. **Schleicher:** Nouvelles communications sur l'hypnotisme. *Ann. Soc. de méd. d' Anvers,* Bd. XLVI, S. 24—44. 1884.

80. **Richer:** Des phénomènes neuromusculaires de l'hypnotisme. De la méthode à suivre dans les études sur l'hypnotisme. *Progrès méd.,* Jahrg. XII, S. 5. Paris, 1884.

81. **Magnin:** Étude clinique et expérimentale sur l'hypnotisme. Paris, 1884.

82. *** * *:** Hypnotisme, somnambulisme, catalepsie, léthargie, simulation. *Gaz. des hôp.,* Jahrg. LVII, S. 569. Paris, 1884.

83. **Bérillon:** Hypnotisme expérimental. Paris, 1884.

84. **Janet** (Paul): De la suggestion hypnotique. *Rev. polit. et littér.,* Bd. XXIII, Nr. 4—8. Paris, 1884.

85. **Bernheim:** De la suggestion dans l'état hypnotique et dans l'état de veille. Paris, 1884.

86. **— —:** De la suggestion dans l'état hypnotique. Réponse à M. Paul Janet. Paris, 1884.

87. **Pitres:** Des suggestions hypnotiques. Bordeaux, 1884. Vgl. *Journ. de méd. de Bordeaux,* Bd. XIII, S. 450, 463, 490, 536, 561. 1884.

88. **Voisin** (Auguste): Étude sur l'hypnotisme et sur les suggestions chez une aliénée. *Ann. méd.-psychol.,* Ser. VI, Bd. XII, S. 290—304. Paris, 1884.

89. **Héricourt:** Le magnétisme animal en dehors de l'hystérie. *Rev. scient.,* Bd. XXXIII, S. 812. Paris, 1884.

90. **Richet:** L'homme et l'intelligence. Paris, 1884.

91. **Bottey:** Le magnétisme animal. Étude critique et experimentale sur l'hypnotisme provoqué chez les sujets sains. Paris, 1884.

92. **Bellanger:** Le magnétisme, vérités et chiméres. Paris, 1884.

1884. 93. **Hack Tuke:** Sleep walking and hypnotism. London, 1884.

94. **Gurney:** The problems of hypnotism. *Proc. Soc. Psychic.
Res.,* Bd. II, S. 265—292. London, 1884. — *Mind,* Bd. IX,
S. 477—508. London and Edinburgh, 1884.

95. **Langley:** The physiological aspect of mesmerism. *Pop.
Science Monthly,* Bd. XXV, S. 800. New-York, 1884.
Ohne Kürzungen ist dieser am 14. März 1884 gehaltene
Vertrag abgedruckt in: *Proc. Royal Instit.* of *Great Brit.,*
Bd. XI, S. 25—43. London, 1887.

96. **Beach:** On hypnotism and its phenomena. *New-York Med.
Journ.,* Bd. XIX, S. 81. 1884.

97. **Salama:** Contribuzione allo studio dell' ipnotismo. *Med. contemp.,* Bd. I, S. 133. Napoli, 1884.

98. **de Giovanni:** Communicazione sull' ipnotismo. *Atti del
quarto Congr. della Soc. fren. ital.,* Bd. IV, S. 300—326.
Milano, 1884.

99. **Giorgeri:** L'ipnotismo. *Raccoglitore med.,* Ser. IV, Bd. XXII,
S. 121, 185, 227. Forli, 1884 u. 1885.

100. **Pistes:** Περὶ ὑπνωτισμοῦ. Ἐκ τῆς κλινικῆς τοῦ κ. Charcot.
Γαληνός, Bd. I A', S. 5. Ἀθῆναι, 1884.

1885. 101. **Charcot:** Hypnotisme et suggestion. *Gaz. des hôp.,* Jahrg.
LVIII, S. 593. Paris, 1885.

102. **Richer:** Études cliniques sur la grande hystérie ou hystéro-
épilepsie. Teil II: Du grand hypnotisme. · Paris, 1885.

103. **Verstraeten:** L'hypnotisme; conférence de M. le Prof.
Charcot. *Ann. Soc. de méd. de Gand,* Bd. LXIV, S.
273—284. 1885.

104. **Bernheim:** L'hypnotisme chez les hystériques. *Rev. philos.,*
Bd. XIX, S. 311. Paris, 1885.

105. **Descourtis:** Revue critique de quelques publications ré-
centes sur l'hypnotisme. *Encéph.,* Bd. V, S. 51—79.
Paris, 1885.

106. **Cullerre:** Magnétisme et hypnotisme. Paris, 1885.

107. **Colas:** L'hypnotisme et la volonté. Paris, 1885.

108. **Keene:** Hypnosis and Somnambulism. *Med. press west.
New-York.* Bd. I, S. 482—493 u. S. 591—602.
Buffalo, 1885.

1885. 109. **Browning:** Hypnotism. *Kansas City Rev.*, Bd. IX, S. 160. 1885.

110. **Vizioli:** Del morbo ipnotico, (ipnotismo spontaneo, autonomo) e delle suggestioni. *Giorn. di neuropatol.*, Bd. IV, S. 289—342. Napoli, 1885.

111. **Gasparetti:** Isterismo ed ipnotismo. *Gazz. med. ital. lombar.*, Bd. XXXVI, S. 697—709. Milano, 1885.

112. **Ferri:** Un nuovo libro di psicofisiologia. Torino, 1885.

113. **Lichonin:** Über Hypnotismus. *Wratsch*, Bd. VI, S. 148. St. Petersburg, 1885.

114. *** * *:** Hystero-Somnambulismus. *Geneesk. Courant*, Band XXXIX, Nr. 15—17. Tiel, 1885.

115. **Jendrassik:** A hypnotismusról. *Orvosi hetil.*, Bd. XXIX, S. 29, 53, 88. Pest, 1885.

116. **Hack Tuke:** Fragebogen, um die Untersúchungen über den Somnambulismus zu erleichtern. *Psychiatr. bl.*, Bd. III, S. 249. Dortrecht, 1885. Vgl. *Rev. Hypn.*, Bd. I, S. 57. Paris, 1886.

1886. 117. **Binet** et **Féré:** Le magnétisme animal. Paris, 1886.

118. **Magnin:** L'hypnotisme à la faculté de médecine de Paris. *Rev. Hypn.*, Bd. I, S. 151. Paris, 1886.

119. **Delbœuf:** Une visite à la Salpêtrière. Bruxelles, 1886.

120. — — (und **Binet**): Les diverses écoles hypnotiques. *Rev. philos.*, Bd. XXII, S. 532. Paris, 1886.

121. **Liégeois:** L'école de Paris et l'école de Nancy. *Rev. Hypn.*, Bd. I, S. 33. Paris, 1886.

122. **Dufour:** Contribution à l'étude de l'hypnotisme. *Journ. Soc. de méd. et pharm. de l'Isère*, Bd. X, S. 193—207. Grenoble, 1886. *Ann. méd.-psychol.*, Ser. VII, Bd. IV, S. 238—254. Paris, 1886. Als Broschüre: Grenoble, 1886.

123. **Pitres** et **Gaube:** De l'hypnotisme; historique; modes de production; symptômes; médecine légale. *Rev. des sciences méd.*, Bd. XXVIII, S. 315—349. Paris, 1886. Spanisch in: *Bol. de méd. y cirug.*, Bd. IV, S. 73—86. Madrid, 1886.

124. **Jendrassik:** De l'hypnotisme. *Arch. de neurol.*, Bd. XI, S. 362—380; Bd. XII, S. 53. Paris, 1886. Vgl. *Pester med.-chir. Presse*, Bd. XXIII, S. 206. 1887.

1886. 125. *Sicard: Contribution à l'étude de l'hypnotisme et de la suggestion. Montpellier, 1886.

126. *Brullard: Considérations générales sur l'état hypnotique. Nancy, 1886.

127. Beaunis: Le somnambulisme provoqué. Études physiologiques et psychologiques. Paris, 1886.

128. Liébeault: Confession d'un médecin hypnotiseur. *Rev. Hypn.*, Bd. I, S. 105 u. S. 143. Paris, 1886. Deutsch in: *Sphinx*, Bd. V, S. 41 u. S. 121. *Gera*, 1888.

129. James (William): Report of the committee on hypnotism. *Proc. Amer. Soc. Psychic. Res.*, Bd. I, S. 95. Boston, 1886.

130. Morselli: Il magnetismo animale, la fascinazione e gli stati ipnotici. Torino, 1886.

131. Lombroso: Studj sull' ipnotismo. *Arch. di Psichiatr.*, Bd. VII, S. 257—281. Torino, 1886. Als Broschüre: Torino, 1886.

132. d'Abundo: Nuove ricerche nell' ipnotismo. *Psichiatr.*, Bd. IV, S. 63. Napoli, 1886.

133. G. P.: A proposito dell' ipnotismo. *Diario d. osp. di San Benedetto in Pesaro*, Bd. XV, S. 21. 1886.

134. Mancini: Ipnotismo e spiritismo. *Nuova Antol.*, Ser. III, Bd. I, S. 62—83. Roma, 1886.

135. Fraenkel (Slagelse): Om Hypnotismen. *Ugeskr. f. Läger,* 4 R., Bd. XIII, S. 533 u. S. 561. Kjöbenhavn, 1886.

136. Stabell: Hypnotisme. — Der Magnetiseur Sixtus. — Eine Enthüllung. *Tidsskr. f. prakt. med.,* Bd. VI, S. 167. Kristiania, 1886.

137. Gamale: Hysterogene polare Zonen, Hypnotismus etc. *Russk. med.*, Bd. IV, S. 343. Woskresensk, 1886.

138. Michailow: Der Hypnotismus im Vergleich mit animal-magnetischen Erscheinungen etc. (Russisch.) Moskwa, 1886.

1887. 139. Voisin (Jules): De la suggestion. Action des médicaments à distance chez des hystéro-épileptiques. Action de l'aimant et des métaux. Hémorrhagies cutanées. Changements psychiques et somatiques. *Ann. méd.-psychol.,* Ser. VII, Bd. V, S. 134—159. Paris, 1887.

1887. 140. **David:** Magnétisme animal, suggestion hypnotique et post-hypnotique, son emploi comme agent thérapeutique. Paris, 1887.

141. **de Fonvielle:** Les endormeurs. La vérité sur les hypno-tisants, les suggestionnistes, les magnétiseurs, les dona-tistes etc. Paris, 1887.

142. **Moutin:** Le nouvel hypnotisme. Paris, 1887.

143. **Figuier:** Les mystéres de la science. Paris, 1887.

144. **Guermonprez:** L'hypnotisme et les suggestions hypnotiques. *Science cathol.,* Mai u. Juni 1887. Paris.

145. **Fontan:** Hystéro-épilepsie masculine: suggestion, inhibition. transposition des sens. *Rev. philos.,* Bd. XXIV, S. 312. Paris, 1887. — *Bull. Soc. Psychol. physiol.,* Bd. III, S. 48. Paris, 1887.

146. **Perronnet:** Note sur l'hypnagogisme et l'hypnexodisme. Paris, 1887.

147. *** * *:** Études d'hypnotisme expérimental. *Rev. des sciences hypn.,* Bd. I, S. 9, 41, 81, 121, 161, 201. Paris, 1887.

148. **Sicard:** Cas remarquable d'hypnotisme et de suggestion. *Encéph ,* Bd. VII, S. 269—284. Paris, 1887. Vgl. *Rev. des sciences hypn.,* Bd. I, S. 260—272. Paris, 1888.

149. **Andrieu:** Expériences d'hypnotisme. *Rev. Hypn.,* Bd. I, S. 282. Paris, 1887.

150. **Obersteiner:** Der Hypnotismus mit besonderer Berück-sichtigung seiner klinischen und forensischen Bedeutung. *Klin. Zeit- u. Streitfragen,* Bd. I, S. 49—80. Wien, 1887.

151. **Sallis:** Der tierische Magnetismus und seine *Genese.* Ein Beitrag zur Aufklärung und eine Mahnung an die Sani-tätsbehörden. Leipzig, 1887.

152. — —: Über hypnotische Suggestionen, deren Wesen, deren klinische und strafrechtliche Bedeutung. Berlin und Neuwied, 1887.

153. **Gessmann:** Magnetismus und Hypnotismus. Wien, 1887.

154. **Preyer** und **Binswanger:** Hypnotismus. *Real-Encycl. der ges. Heilk.,* Bd. X, S. 61—124. Wien u. Leipzig, 1887.

155. **Binswanger:** Über den heutigen Standpunkt des Hypnotis-mus. *Neurol. Centralbl.,* Bd. VI, Nr. 19. Berlin, 1887.

1887. 156. **Dessoir:** Der Hypnotismus in Frankreich. *Sphinx*, Bd. III, 15, S. 141. Leipzig, 1887. Vgl. *Science*, Bd. IX, S. 541. New-York, 1887.

157. — —: Verzeichnis der neueren Litteratur über Hypnotismus und verwandte Erscheinungen. *Sphinx*, Bd. III, 15, S. 150. Leipzig, 1887.

158. **Stille:** Hypnotismus und Suggestion. *Irrenfreund,* Jahrg. XXIX, S. 23—38 u. S. 49—62. Heilbronn, 1887.

159. **Wernicke:** Zur Theorie der Hypnose. Eine Anregung. *Vierteljahrsschr. f wiss. Philos.*, Bd. XI, 3, S. 308—328. Leipzig, 1887.

160. **Bleuler:** Der Hypnotismus. *Münch. med. Wchschr.*, Jahrg. XXXIV, S. 699 u. S. 714. 1887.

161. **Langley** and **Wingfield:** A preliminary account of some observations on ‚hypnotism'. *Journ. of Physiol.*, Bd. VIII, S. XVII. Cambridge, 1887.

162. **Gurney:** Peculiarities of certain posthypnotic states. *Proc. Soc. Psychic. Res.*, Bd. IV, S. 268—323. London, 1887.

163. **Belfiore:** L'ipnotismo e gli stati affini. Napoli, 1887.

164. **Franco:** L'ipnotismo tornato di moda; storia e disquisizione scientifica. Prato, 1887. Span. in: *Sentido catól.*, Bd. IX, S. 253, 285, 301. Barcelona, 1887.

165. **Magini:** Le maraveglie dell' ipnotismo. Sommario dei principali fenomeni del sonnambulismo provocato, e metodi di sperimentazione. Torino, 1887.

166. **Vallombroso:** L'ipnotismo e magnetismo svelato e spiegato sulle teorie di Donato Guidi e Mesmer. Milano, 1887.

167. **Veronesi:** L'ipnotismo e il magnetismo davanti alla scienza. Roma, 1887.

168. **Labadie:** Contribución para el estudio del hipnotismo en México. *Gac. méd. de México,* Bd. XXII, S. 450—461. 1887.

169. **Herrero:** La hipnotización generalizada, ó sea procedimiento para determinar el hipnotismo, de resultados constantes en todos los individuos, con el aparato hipnotizador del autor. *Méd. castellana,* Bd. II, S. 9. Valladolid, 1887.

170. — —: El hipnotismo; sus fenómenos y sus applicaciones. *Correo méd. castellano,* Bd. IV, S. 19 u. S. 39. Salamanca, 1887. Vgl. *ebenda*, Bd. III, S. 515. Salamanca, 1886.

1888. 171. Simon: Le mende des rêves. Le rêve, l'hallucination, le somnambulisme et l'hypnotisme. Paris, 1888.

172. **James:** L'hypnotisme expliqué dans sa nature et dans ses actes. — Mes entretiens avec S. M. l'empereur Don Pedro sur le Darwinisme. Paris, 1888.

173. **Bernheim:** Considérations générales sur la suggestion. *Rev. Hypn.*, Bd. II, S. 198. Paris, 1888.

174. — —: L'hypnotisme et l'école de Nancy. *Gaz. des hôp.*, Jahrg. LXI, S. 337. Paris 1888.

175. **Voisin** (Jules): Suggestion, autosuggestion et vivacité du souvenir dans le sommeil hypnotique. — Action des médicaments à distance. — Suppression instantanée des attaques hystéro-épileptiques et des vomissements nerveux. *Ann. méd.-psychol.*, Ser. VII, Bd. VII, S. 108. Paris, 1888.

176. **Rifat:** Étude sur l'hypnotisme et la suggestion. *Rev. Hypn.*, Bd. II, S. 297. Paris, 1888.

177. **Ribaux:** Considérations sur l'hypnotisme et observation d'un cas d'hémiplégie hystérique, guérie par l'hypnotisme. *Rev. méd. de la Suisse Rom.*, Jahrg. VIII, S. 137. Genéve, 1888.

178. **Hering:** Über Hypnotismus. Berlin, 1888.

179. **Hähnle:** Hypnotische Studien. *Allgem. konserv. Monatsschr.*, Bd. XLIV, S. 1047; Bd. XLV, S. 3—12. Leipzig, 1887 u. 1888.

180. **von Krafft-Ebing:** Hypnotische Demonstrationen im Verein der Ärzte in Steiermark. *Centralbl. f. Nervenheil.*, Bd. XI, 4. S. 118. Leipzig, 1888.

181. **Seeligmüller:** Der moderne Hypnotismus. *Deutsche medic. Wchschr.*, Bd. XIV, S. 7, 78, 262. Berlin, 1888.

182. **Treulich:** Zwei Fälle von Hypnose. *Prager med. Wochschr.*, Jahrg. VIII, S. 97. 1888.

183. **Miescher:** Hypnotismus und Willensfreiheit. Vertrag gehalten in der Aula der Universität Basel, den 6. März 1888. Separatabzug aus der *Allg. Schweizer Ztg.* vom 17.—22. März 1888. Basel.

184. **Rieger:** Einige irrenärztliche Bemerkungen über die strafrechtliche Bedeutung des sog. Hypnotismus. *Zeitschr. für d. ges. Strafrechtswissensch.*, Bd. VIII, S. 316. Berlin, 1888.

1888. 185. **Forel:** Einige Bemerkungen über den gegenwärtigen Stand der Frage des Hypnotismus nebst eigenen Erfahrungen. *Münch. med. Wchschr.*, Bd. XXXV, S. 71. 1888. Ein Nachtrag hierzu: *ebenda*, S. 213.

186. **Hückel:** Die Rolle der Suggestion bei gewissen Erscheinungen der Hysterie und des Hypnotismus. Kritisches und Experimentelles. Jena, 1888.

187. **Moll:** Über Hypnotismus; mit Demonstrationen an Kranken. *Centralbl. f Nervenheilk.*, Jahrg. XI, S. 253. Leipzig, 1888.

188. **Calderon, Pulido, Diaz de la Quintana:** Una sesion de hipnotismo en la Sociedad española de higiene. *Siglo méd.*, Jahrg. XXXV, S. 130, 161, 177, 225, 241.... (Der Schlufs steht noch aus.) Madrid, 1888.

189. **Gonzalez del Valle:** Una sesion de hipnotismo. *Siglo méd.*, Jahrg. XXXV, S. 94. Madrid, 1888.

190. ***: Hipnotomania. *Siglo méd.*, Jahrg. XXXV, S. 34. Vgl. den Brief von Dr. de Das, *ebenda*, S. 95. Madrid, 1888.

191. **Prus, Raciborski, Jendel:** Uber Hypnotismus. *Przegl. lek.* Jahrg. XXIX, Nr. 6—10. Krakowie, 1888. Vgl. *Centralbl. f Nervenheilk.*, Jahrg. XI, S. 253. Leipzig, 1888.

Vergleiche:

198, 199, 201, 203, 207, 208, 209, 210, 211, 212, 213, 214, 216, 217, 244, 261, 270, 288, 290, 295, 296, 307, 330, 332, 333, 334, 335, 336, 337, 338, 339, 347, 348, 350, 351, 352, 353, 355, 357, 358, 363, 367, 368, 373, 374, 377, 384, 388, 390. — 395, 396, 397, 398, 399, 400, 402, 411, 412, 417. — 449, 456, 457, 459, 468, 480, 481, 482, 483, 484, 487. — 489, 497, 498, 505, 506, 507, 510, 516, 521, 528, 529, 532, 533, 537, 544, 546, 549, 550, 554, 555, 556, 561, 582, 583, 584, 585, 586, 588, 594, 597, 598, 600, 602, 604, 605, 608, 610, 615. — 640, 646, 654, 660, 661, 664, 673, 684, 685, 691, 694. — 699, 705, 709, 716, 717, 720, 722, 725, 729, 730, 731, 734, 735, 736, 737, 738, 739, 740, 744, 745, 746, 747, 748, 749, 750, 751, 752, 755, 766, 770, 784, 792, 799, 801.

II.

Zur Medizin.

———

1842. 192. **Topham** and **Ward**: Case of amputation of thigh during mesmeric state. London, 1842.

1845. 193. **Loysel**: Recueil d'opérations chirurgicales pratiquées sur des sujets magnétisés. Cherbourg, 1845.

194. — —: Observation concernant une jeune fille de dix-sept ans, amputée d'une jambe à Cherbourg le 2 octobre 1845 pendant le sommeil magnétique. Cherbourg, 1845.

1846. 195. — —: Insensibilité produite au moyen du sommeil magnétique. Nouvelle opération chirurgicale faite à Cherbourg, Cherbourg, 1846.

1854. 196. **Blundall**: Painless tooth extraction without chloroform. London, 1854.

1859. 197. **Guérinau**: Observation d'hypnotisme dans un cas d'amputation de cuisse. *Gaz. des hôp.*, Bd. XXXII, S. 607. Paris. 1859. Vgl. *Gaz. méd. de Paris*, Ser. III, Bd. XV, S. 21. 1860. — *Journ. des conn. méd. prat.*, Bd. XXVII, S. 59. Paris, 1860. — *Bull. gén. de thérap.*, Bd. LVIII, S. 80. Paris, 1860.

198. **Broca, Cloquet, Verneuil, Richet** (sen.): Sur l'hypnotisme, *Gaz. des hôp.*, Bd. XXXII, S. 599. Paris, 1859.

199. **Broca**: Sur l'anesthésie chirurgicale hypnotique. Note présentée à l'Académie des sciences le 5 décembre 1859. suivie d'une lettre au rédacteur en chef du Moniteur des sciences médicales. Paris, 1859. Vgl. *Gaz. des hôp.*, Bd. XXXII, S. 599. Paris, 1859. — *Bull. Soc. de chir. de Paris*, Bd. X, S. 247—270. 1860.

200. **Bettini**: L'ipnotismo nello spedale di S. Orsola di Bologna. *Bull. delle scienz. med. di Bologna*, Ser. IV, Bd. XII, S. 366. 1859.

1859. 201. **Bottacchi**: Sull' ipnotismo. *Atti Accad. fis.-med.-statist. di Milano*, Bd. V, S. 77; Bd. VI, S. 223. 1859 u. 1860.

1860. 202. **Bouyer** (Marcel): Hémorrhoïdes. Opération par la ligature. Hypnotisme. *Gaz. des hôp.*, Jahrg. XXXIII, S. 315. Paris, 1860.

203. **Mesnet**: Études sur le somnambulisme envisagé au point de vue pathologique. *Arch. gén. de méd.*, Ser. V, Bd. XV, S. 147—173. Paris, 1860.

204. **Boddaert**: Cas de catalepsie hystérique, accompagnée de phénomènes extraordinaires de somnambulisme lucide spontané. *Bull. Soc. de méd. de Gand*, Bd. XXVII, S. 297—313. 1860.

205. **von Patruban**: Über den Hypnotismus in physiologischer und praktischer Beziehung. *Österr. Ztschr. f. prakt. Heilk.*, Bd. VI, S. 285. Wien, 1860.

206. **Pinkus**: Die neue Pariser Betäubungsmethode. *Wien. med. Wchschr.*, Bd. X, S. 155. 1860.

207. * * *: Hypnotism; its application to production of anaesthesia. *Brit. & For. Med.-Chir. Rev.*, Bd. XXV, S. 441. London, 1860.

208. * * *: Ipnotismo; novello metodo anestesico. *Morgagni*, Bd. II, S. 700; Bd. III, S. 24. Napoli, 1859 u. 1860.

209. **Olivi**: Sull' ipnotismo anestesico. *Raccoglitore med. di Fano*, Bd. XX1, S. 120. 1860.

210. **Settimj**: Teoria ed esperienze di ipnotismo anestesico. *Sperimentale*, Ser. IV, Bd. VI, S. 481—492. Firenze, 1860.

1861. 211. **Santi**: Risposta alla teoria dell' ipnotismo anestesico del dett. A. Settimj, publicata nelle Sperimentale. *Raccoglitore med. di Fano*, Bd. XXIII, S. 212. 1861.

212. **Settimj**: Sull' ipnotismo; risposta alla lettera del prof. V. Santi. *Raccoglitore med. di Fano*, Bd. XXIII, S. 365. 1861.

213. **Santi**: Sull' ipnotismo; risposta alla lettera del A. Settimj. *Raccoglitore med. di Fano*, Bd. XXIV, S. 13 u. 62. 1861.

214. **Bonnes**: Accés hystériques périodiques traités et guéris par l'éthérisation prolongée; expériences d'hypnotisme. *Gaz. des hôp.*, Bd. XXXIV, S. 202. Paris, 1861.

1865. 215. **Lasègue:** De la catalepsie partielle et passagère. *Arch. gén. de méd.,* Ser. VI, Bd. V, S. 385. Paris, 1865.

216. **Vissani:** Discorso sull' ipnotismo anestesico. *Ippocratio,* Bd. VII, S. 239, 364, 414. Fano, 1865.

1869. 217. *__Pau de St.-Martin:__ Étude clinique d'un cas de catalepsie compliquée, traitée par hypnotisme. Strasbourg, 1869.

1877. 218. **Cullerre:** Catalepsie chez un hypocondriaque persécuté. *Ann. méd.-psychol.,* Ser. V, Bd. XVII, S. 177—189. Paris 1877.

1879. 219. **Planat:** Hystérie dans ses rapports avec le somnambulisme et la catalepsie provoqués. *Nice méd.,* Bd. III, S. 152, 1879.

220. **Dumont:** De l'hystérie et des phénomènes qui s'y rattachent; catalepsie, somnambulisme provoqués; métallothérapie. *Practicien,* Bd. II, S. 70, 82, 93, 106, 118. Paris, 1879.

1880. 221. **Chambard:** A case of hysteria with somnambulism. *Journ. of ment. science,* Bd. XXVI, S. 55. London, 1880.

222. **Morton:** Induced hysterical somnambulism and catalepsy. *Med. Rec.,* Bd. XVIII, S. 467. New-York, 1880.

1881. 223. **Gauché:** Hystérie avec somnambulisme. *Encéph.,* Bd. I, S. 120. Paris, 1881.

224. **Descourtis:** Léthargie hystérique. *Encéph.,* Bd. I, S. 738. Paris, 1881.

225. **Petit:** L'anesthésie par la respiration rapide et l'hypnotisme. *Encéph.,* Bd. I, S. 856. Paris, 1881.

226. **Fanzler:** Hypnotismus und Hysterie. *Orvosi hetil.,* Bd. XXV, S. 1150. Pest, 1881.

227. **Dumontpallier:** Action de divers agents physiques dans l'hypnotisme provoqué. *Compt. rend. Soc. de biol.,* Ser. VI, Bd. III, S. 394. Paris, 1881.

1882. 228. **Dumontpallier et Magnin:** Conférence clinique expérimentale sur l'hypnotisme. *Gaz. des hôp.,* Jahrg. LV, S. 329. Vgl. *ebenda* S. 114. Paris, 1882.

229. **Charcot:** Phénomènes produits par l'application sur la voûte du crâne du courant galvanique, pendant la période léthargique de l'hypnotisme chez les hystériques. *Compt. rend. Soc. de biol.,* Ser. VII, Bd. III, S. 6. Paris, 1882.

— *Progrès méd.*, Bd. X, S. 20 u. S. 63. Paris, 1882. —
Médecin, Bd. VIII, No. 4. Paris, 1882. — *Gaz. des hôp.*,
Bd. LV, S. 53. Paris, 1882.

1882. 230. **Feissier:** Cas trés-curieux d'hystéro-catalepsie et d'hypnotisation. *Lyon méd.*, Bd. XXXIX, 601. 1882.

231. **de Giovanni:** Alcune resultanze terapeutiche ottenute me-
diante l'ipnotismo. *Gazz. med. ital., prov. Venete,* Bd.
XXV, S. 343. Padova, 1882. Als Broschüre: Padova 1883.

232. **Mariniani:** Contribuzione all' ipnoterapia. *Giorn. di neuropatol.*, Bd. I, S. 385—408. Napoli, 1882.

233. **Tamburini e Seppilli:** Nuova contribuzione allo studio sperimentale dell' ipnotismo nelle isteriche. *Italia med.*,
Ser. II, Bd. XVI, S. 185. *Genova,* 1882.

234. **Corral y Maria:** Un caso curioso de histerismo por siquica
curada con iqual remedio. *Génio méd.-quirurg.*, Bd.
XXVII, S. 72. Madrid, 1882.

1883. 235. **Féré:** Les hypnotiques hystériques considérés comme sujets
d'expérience en médecine mentale. *Arch. de neurol.*,
Bd. VI, S. 122—135. Paris, 1883. Vgl. *Ann. méd.-
psychol.*, Ser. VI, Bd. X, S. 285—301. Paris, 1883.

236. **Chambard:** Étude symptomatologique sur le somnambulisme.
Lyon. méd., Bd. XLIII, S. 517 u. S. 556; Bd. XLIV, S.
5, 43, 114, 144—157. 1883.

237. **Rougier:** Electricité statique médicale; hypnotisme curatif.
Union méd., Ser. III, Bd. XXXV, S. 918. Paris, 1883.

1884. 238. **Layet:** L'hypnotisme devant l'hygiène. *Rev. sanit. de Bordeaux,* Bd. II, S. 86. 1884.

239. **Pitres:** Des attaques de sommeil hystérique. *Journ. de
méd. de Bordeaux,* Bd. XIV, S. 143. 1884.

240. **Féré:** La médecine d'imagination. *Progrès méd.*, Jahrg. XII
S. 309. Paris, 1884.

241. **Lancereaux:** Hystérie chez l'homme, contractures, hypnotisation. *Gaz. des hôp.*, Jahrg. LVII, S. 731. Paris, 1884.

242. **Richer et Gilles de la Tourette:** Sur les caractéres cliniques des paralysies psychiques expérimentales (paralysies
par suggestion). *Compt. rend. Soc. de biol.*, Ser. VIII,
Bd. I, S. 198. Paris, 1884.

1884. 243. **Wiebe:** Einige Fälle von therapeutischer Anwendung des Hypnotismus. *Berl. klin. Wochenschr.,* Bd. XXI, S. 33. 1884.

244. **Högyes:** Demonstration des Hypnotismus an Hystero-Epileptischen. *Wien. med. Wchschr.,* Bd. XXXIV, S. 381. 1884.

245. **Springthorpe:** Case of trance in a child, culminating in extasy and hysteria. *Austral. med. gaz.,* Bd. IV, S. 105. Sydney, 1884.

246. **Bianchi:** Cura morale nell' isterismo. *Arch. ital. per le mal. nerv.,* Bd. XXI, S. 426. Milano, 1884.

247. **Ribalkin:** Hysterie mit Lethargie und Somnambulismus. *Soobsch. i protok. St. Petersb. med. obsch.,* Bd. I, S. 139. 1884.

248. **Ebermann:** Lethargie, Schlafsucht, somnus catalepticus hypnosis prolongator. *Soobsch. i protok. St. Petersb. med. obsch.,* Bd. I, S. 190. 1884.

1885. 249. **Pitres:** Des zones hypnogènes. *Journ. de méd. de Bordeaux,* Bd. XIV, S. 255. 1885. Vgl. die Referate von Davezac, *ebenda,* Jahrg. 1885--1887.

250. — —: Des zones hystérogènes et hypnogènes. Bordeaux, 1885.

251. **Debove** et **Flamand:** Recherches expérimentales sur l'hystérie au moyen de la suggestion hypnotique. *Bull. Soc. de méd. des hôp.,* Bd. II, S. 299. Paris, 1885.

252. ***Alphandery:** La thérapeutique morale et la suggestion. Paris, 1885.

253. **Parant:** De l'hypnotisme employé comme agent thérapeutique. *Rev. méd. de Toulouse,* Bd. XIX, S. 225. 1885.

254. **Séglas:** Fait pour servir à l'histoire de la thérapeutique suggestive. *Arch. de neurol.,* Bd. X, S. 376—395. Paris, 1885.

255. **Pritzl:** Eine Geburt in der Hypnose. *Wiener med. Wochenschrift,* Jahrg. XXXV, S. 1365. 1885.

256. **Finkelberg:** Über die diagnostische Verwertung von hypnotischen Erscheinungen. *Allg. Zeitschr. für Psychiatr.,* Bd. XLI, S. 679. Berlin, 1885.

257. **Laufenauer:** Hypnotische Anfälle im Anschluss an eine hystero-epileptische Neurose. (Übers. von: *Orvosi hetil.,* 1885.) *Pest. med.-chir. Presse,* Bd. XXI, S. 177. 1885.

1885. 258. **Mills:** A case presenting cataleptic symptoms, the phenomena of automatism at command and of imitation-auto-
matism. *Polyclin.*, Bd. III, S. 144. Philadelphia, 1885.

259. **Buchanan:** Healing by faith. Miracles at Lourdes and other
places. *Lancet* 1885, II, S. 843. London.

260. **Castelli** e **Lumbroso:** Follia isterica guarità coll' ipnotismo;
paralisi per suggestione e suggestione negativa. Firenze,
1885.

261. **Adradas:** Dos palabras sobre mas opiniones en el hipnotismo con relacion à la histeria. *Rev. de méd. y cirug.
práct.*, Bd. XVI, S. 231 u. S. 569. Madrid, 1885.

262. **Goosiev:** Studie über Automatismus oder Somnambulismus
im Rausch. *Archiv. dlae psíchiat.*, Bd. V, S. 90—107.
Charkow, 1885.

1886. 263. **Porak:** Hypnotisme provoqué pendant la grossesse et le
début du travail. Action de la compression des ovaires.
Dédoublement de la personnalité. *Nouv. arch. d'obstétr.
et de gynécol.*, Bd. VI, S. 344. Paris, 1886.

264. **Lanoaille de Lachèse:** Observation d'hypnotisme chez un
soldat. *Journ. Soc. de méd. et pharm. de la Haute-
Vienne,* Bd. X, S. 179. Limoges, 1886. — *Rev. Hypn.*,
Bd. I, S. 112. Paris, 1886.

265. * * *: L'hypnotisme, la suggestion, la mise en scéne, l'action
morale. *Gaz. des hôp.*, Jahrg. LIX, S. 774 u. S. 797.
Paris, 1886.

266. **Fournier:** Quelques notes sur l'hypnotisme au point de vue
thérapeutique. *Gaz. des hôp.*, Jahrg. LIX, S. 350. Paris,
1886. Vgl. *Praticien,* Bd. IX, S. 313. Paris, 1886.

267. **Barth:** De l'hypnotisme au point de vue thérapeutique. *Thérap.
contemp.*, Bd. VI, S. 535. Paris, 1886.

268. **Debove:** De l'hystérie de l'homme et de la paralysie par
suggestion. *Bull. Soc. méd. des hôp.*, Ser. III, Bd. III,
S. 40. Paris, 1886.

269. **Duchand Doris:** Hémiplégie hystérique chez un homme de
36 ans. diagnostiquée à sa troisiéme recidive et guérie
par suggestion. *Médecin clin.*, Bd. II, S. 418. Paris, 1886.

270. **Authenac:** Contribution à l'étude de l'hypnotisme et de la
suggestion. *Gaz. des hôp.*, Jahrg. LV, S. 976. Paris, 1886.

1886. 271. **Beugnies-Corbeau:** De la peur en thérapeutique ou de la suggestion à l'état de veille. *Bull. gén. de thérap.*, Jahrg. LV, S. 115. Paris, 1886.

272. **Garnier:** Hypnotisme et folie. *France méd.*, Bd. I, S. 554. Paris, 1886.

273. **Dufour:** Traitement des maladies mentales par la suggestion hypnotique. *Ann. méd.-psychol.*, Ser. VII, Bd. IV, S. 238 bis 254. Paris, 1886.

274. **Pons:** Hypnotisme chez les aliénés. *Marseille méd.*, Bd. XXIII, S. 619. 1886.

275. **Voisin** (A.): De l'hypnotisme et de la suggestion hypnotique dans leurs applications au traitement des maladies nerveuses et mentales. *Rev. Hypn.*, Bd. I, S. 4 u. S. 41. Paris, 1886. Deutsch in: *Sphinx*, Bd. II, 5, S. 302. Leipzig, 1886. Als Broschüre: Paris, 1887.

276. **Voisin** (A.): Du traitement des maladies mentales par la suggestion hypnotique. *Ann. méd.-psychol.*, Ser. VII, Bd. III, S. 452—466. Réponse de M. Luys: *ebenda*, Bd. IV, S. 93. Paris, 1886. Als Broschüre: Paris, 1887.

277. **Voisin** (A.): De la thérapeutique suggestive chez les aliénés. Paris, 1886.

278. **Voisin** (A.): Traitement et guérison d'une morphinomane par la suggestion hypnotique. *Rev. Hypn.*, Bd. I, S. 161. Paris, 1886. Als Broschüre: Paris, 1887.

279. **Liébeault:** Traitement par suggestion hypnotique de l'incontinence d'urine chez les adultes et les enfants au dessus de trois ans. *Abeille méd.*, Bd. XLIII, S. 369. Paris, 1886.

280. **Bezançon:** Diarrhée provoquée par suggestion chez une hystérique hypnotisable. *Rev. Hypn.*, Bd. I, S. 150. Paris, 1886.

281. **Couturier:** Contribution à l'étude de la suggestion à l'état de veille au point de vue thérapeutique. *Loire méd.*, Bd. V, S. 197, 213, 284. St.-Étienne, 1886.

282. **Mabille** et **Ramadier:** Anesthésie chirurgicale par suggestion post-hypnotique. *Rev. Hypn.*, Bd. I, S. 111. Paris, 1886.

283. **Pitres:** Anesthésie chirurgicale par suggestion. *Thérap. contemp.*, Bd. VI, S. 395. Paris, 1886.

1886. 284. **Desplats:** Applications thérapeutiques de l'hypnotisme et de la suggestion. *Journ. des sciences méd. de Lille,* Bd. VIII, S. 633 u. S. 665—679. 1886. Als Broschüre: Lille, 1886.

285. **Grasset:** Du sommeil provoqué comme agent thérapeutique (thérapeutique suggestive). *Semaine méd.,* Bd. VI, S. 205. Paris, 1886.

286. **Fontan** et **Ségard:** Observations des suggestions thérapeutiques. *Compt. rend Soc. de biol.,* Ser. VIII, Bd. III, S. 539. Paris 1886.

287. **Bidon:** De l'hypnotisme dans la thérapeutique nerveuse. *Marseille méd.,* Bd. XXIII., S. 605—619. 1886. *Rec. des actes du comité méd. des Bouches-du-Rhône,* Bd. XXV, S. 61. Marseille, 1887.

288. **Bernheim:** De la suggestion et de ses applications à la thérapeutique. Paris, 1886. Ins Spanische übersetzt von Dr. Plaza y Castaños. Madrid, 1886.

289. **Moravcsik:** Freiwillige Suggestion bei einer hystero-epileptischen Frau. *Pest. med.-chirurg. Presse,* Bd. XXII, S. 217. 1886.

290. **Mc. Grew:** Hypnotism at the Salpêtrière. *Amer. Lancet,* Bd. VIII, S. 410. Detroit, 1886.

291. **Rockwell:** Cases of somnambulism, their constitutional character and treatment. *Med. record,* Bd. XXX, S. 514. London, 1886.

292. **Vizioli:** La terapeutica suggestiva. *Giorn. di neuropatol.* Bd. IV, S. 308—340. Napoli, 1886.

293. **Mariani:** Accessos histero-epileptiformes en una niña curados por impresión moral. *Arch. de med. y cirug. de los niños.* Bd. II, S. 30. Madrid, 1886.

294. **Hauff:** Er Hypnose en patologisk Tilstand? *Norsk Magaz. f Lägevid.,* 4 R., Bd. I, 10, Forhandl. S. 144. Christiania, 1886.

295. * * * : Diskussion om Hypnose. *Norsk Magaz. f Lägevid.,* 4 R., Bd. I, 11, Forhandl. S. 158 u. S. 167. Christiania, 1886.

296. **Johannessen:** Magnetiske Kure i Kristiania 1817—1821. *Christian. Vidensk.-Selsk. Forhandl.,* Nr. 16. 1886.

1887. 297. **Voisin** (A.): Du traitement par la suggestion hypnotique. Paris, 1887.

1887. 298. **Bérillon:** *G*uérison par suggestion post-hypnotique d'une habitude vicieuse datant de dix ans. *Rev. Hypn.*, Bd. I, S. 218. Paris, 1887.

299. **Roubinovitsch:** Guérison d'une migraine par suggestion hypnotique. *Rev. Hypn.*, Bd. I, S. 266. Paris, 1887.

300. **Marestang:** Cas de tétanos chronique ou à forme lente. Bons effets de l'hypnotisme. *G*uérison. *Arch. de méd. nav.*, Bd. XLVIII, S. 311. Paris, 1887.

301. **Bouyer:** Du rôle de la suggestion dans la pratique journalière. *Rev. Hypn.*, Bd. I, S. 204. Paris, 1887.

302. **Charcot:** L'hypnotisme en thérapeutique; guérison d'une contracture hystérique. *Rev. Hypn.*, Bd. I, S. 296. Paris, 1887. Vgl. Chiltoff, *ebenda*, S. 340.

303. **Luys:** Nouveau cas de guérison d'une paraplégie hystérique par la suggestion hypnotique. *Rev. Hypn.*, Bd. I, S. 353. Paris, 1887.

304. **Burot:** *G*rande hystérie guérie par l'emploi de la suggestion et de l'autosuggestion. *Rev. Hypn.*, Bd. I, S. 355. Paris, 1887.

305. **Mialet:** Vomissements incoërcibles d'origine hystérique, datant de onze mois, guéris par l'hypnotisme; singuliers effets de la suggestion. *Gaz. des hôp.*, Bd. LX, S. 960. Paris, 1887.

306. **Sollier:** Attaques d'hystéro-épilepsie supprimées par suggestion hypnotique. *Progrès méd.*, Jahrg. XV, S. 291. Paris, 1887.

307. **Grasset** et **Brousse:** Histoire d'une hystérique hypnotisable. *Arch. de neurol.*, Bd. XIX, S. 321—354. Paris, 1887.

308. **Rousseau:** De l'emploi de la suggestion hypnotique dans un cas d'arrêt de l'évolution pubère. *Encéph.*, Bd. VII, S. 587. Paris, 1887.

309. **Pons:** Hypnotisme chez les aliénés. *Rec. des actes du comité méd. des Bouches-du-Rhône*, Bd. XXV, S. 75. Marseille, 1887.

310. **Peter:** Hystérie et suggestion. *Gaz. des hôp.*, Bd. LX, S. 1325. Paris, 1887.

311. **Boland:** Quelques cas d'aphonie nerveuse guéris par suggestion à l'état de veille. *Ann. Soc. méd.-chir. de Liége*, Bd. XXVI, S. 199. 1887.

1887. 312. **Andrieu:** Aphonie nerveuse, zône hystérogène et douloureuse datant de cinq semaines; guérison après cinq minutes d'hypnotisation. *Gaz. méd. de Picardie,* Bd. V, S. 23. Amiens, 1887.

313. **Pinel:** Traitement et guérison par l'hypnotisme des accidents nerveux consécutifs à un cas d'hydrophobie. *Rev. des sciences hypn.,* Bd. I, S. 168. Paris, 1887.

314. **Lanoaille de Lachèze:** Emploi de la suggestion hypnotique dans un cas de tuberculisation pulmonaire. *Journ. Soc. de méd. de la Haute Vienne.* Bd. XII, S. 94. Limoges, 1887.

315. **Brémaud:** Guérison par l'hypnotisme d'un délire alcoolique. *Rev. Hypn.,* Bd. II, S. 19. Paris, 1887.

316. **Voisin (A.):** De la dipsomanie et des habitudes alcooliques et de leur traitement par la suggestion hypnotique. *Rev. Hypn.,* Bd. II, S. 48 u. S. 65. Paris, 1887.

317. **Ladame:** Le traitement des buveurs et des dipsomanes par l'hypnotisme. *Rev. Hypn.,* Bd. II, S. 129 u. S. 165. Paris, 1887.

318. **Brémaud:** Guérison par l'hypnotisme d'une manie des nouvelles accouchées. *Rev. Hypn.,* Bd. II, S. 16. Paris, 1887.

319. **Bernheim:** Influence de la suggestion sur la régularisation des fonctions menstruelles. *Rev. méd. de l'est,* Bd. XIX, S. 691. Nancy, 1887.

320. — —: Sur un cas de régularisation des régles par suggestion. *Rev. Hypn.,* Bd. II, S. 138. Paris, 1887.

321. **Burot:** Un cas de la maladie des tics convulsifs, traité et amélioré par la persuasion. *Rev. Hypn.,* Bd. II, S. 141. Paris, 1887.

322. **Voisin (A.):** Observations d'onanisme guéri par la suggestion hypnotique. *Rev. Hypn.,* Bd. II, S. 151. Paris, 1887.

323. **Auvard** et **Varnier:** L'hypnotisme dans l'accouchement. *Ann. de gynécol.,* Bd. XXVII, S. 363. Paris, 1887.

324. **Mesnet:** Un accouchement dans l'état de somnambulisme provoqué. *Ann. méd.-psychol.,* Ser. VII, Bd. V, S. 428. Paris, 1887. Vgl. *Rev. Hypn.,* Bd. II, S. 33. Paris, 1887.

325. **Dumontpallier:** De l'analgésie hypnotique dans le travail de l'accouchement. *Gaz. des hôp.,* Bd. LX, S. 233. Paris, 1887.

1887. 326. **Grandchamps:** Incision d'un phlegmon de la face dorsale de l'avant-bras et du poignet pendant l'état hypnotique et traitement consécutif par suggestion. *Rev. des sciences hypn.,* Bd. I, S. 171. Paris, 1887.

327. **Guinon:** Métrite gémorrhagique guérie par le raclage. — Opération pendant le sommeil hypnotique (chez une femme hystérique). *Gaz. méd. de Paris,* Jahrg. LVIII, S. 181. 1887.

328. **Pitres:** Les anesthésies hystériques. Leçons faites à la clinique médicale de Bordeaux. 1887.

329. ***Santelli:** De l'anesthésie chirurgicale par hypnotisme et suggestion. Montpellier, 1887.

330. **van Renterghem:** De l'hypnotisme dans la pratique médicale. *Rev. Hypn.,* Bd. II, S. 185. Paris, 1887.

331. **Fontan:** La suggestion hypnotique appliquée aux maladies des yeux. *Rev. gén. d' ophthal.,* Bd. IX, S. 480—491. Paris, 1887. — *Rec. d'ophthal.,* Ser. III, Bd. IX., S. 385. Paris, 1887.

332. **Fontan** et **Ségard:** Eléments de médecine suggestive. Paris, 1887.

333. **Nicot:** La thérapeutique suggestive en Italie. *Rev. Hypn.,* Bd. II, S. 135. Paris, 1887.

334. **Ewald:** Der Hypnotismus in der Therapie. *Deutsche med. Ztg.,* Bd. VIII, 90, S. 1025. Berlin, 1887.

335. **Rosenthal:** Zur Charakteristik der Hysterie. *Allgem. Wien. med. Ztg.,* Jahrg. XXXII, Nr. 46 u. 47. 1887.

336. **Forel:** Einige therapeutische Versuche mit dem Hypnotismus (Braidismus) bei Geisteskranken. *Correspondenzbl. für Schweiz. Ärzte,* Bd. XVII, S. 481. Basel, 1887.

337. **Schulz:** Über die therapeutische Verwendung der Hypnose. *Neurol. Centralbl.,* Bd. VI, Nr. 22. Berlin, 1887.

338. **Moll:** Der Hypnotismus in der Therapie. *Berl. klin. Wchnschr.,* Bd. XXIV, 46, 47, S. 871 u. S. 893. 1887. *Verhandl. Berl. med. Ges.,* Bd. XVIII, 1, S. 159. 1887.

339. **Allyn:** Hypnotism and its curative uses. *Med. and surg. reporter,* Bd. LVII, 22, S. 703. Philadelphia, 1887.

1887. 340. **Ventra:** Contributo allo studio dell' ipnotismo come agente terapeutico nelle nevrosi. *Riv. sper. di Fren.*, Bd. XII, S. 234. Reggio-Emilia, 1887. Als Broschüre: Milano, 1887.

341. **Scaravelli:** Spasmo esofageo in giovanetto isterico guarito colla suggestione ipnotica. *Riv. sper. di Fren.*, Bd. XII, S. 204. Reggio-Emilia, 1887.

342. **Amadei:** Vomito nervoso abituale guarito per suggestione ipnotica. Cremona, 1887.

343. **Amadei** e **Monteverdi:** Paralisi, contratture e anestesia in uomo isterico cessate per suggestione ipnotica. *Bull. del Comit. med. Cremon.*, Bd. VII, S. 150. 1887. Vgl. *Gazz. degli osp.*, Bd. VIII, S. 90. Milano, 1887.

344. **Sciamanna:** Isteria guarita colla suggestione ipnotica. *Spallanz.*, Ser. II, Bd. XVI, S. 137. Roma, 1887. Vgl. *Bull. d. r. Accad. med. di Roma*, Bd. XIII, S. 82. 1887.

345. **Frusci** e **Vizioli:** Guarizione immediata e completa mercè la suggestione di una paralisi vescicale isterica dura 14 mesi. *Giorn. di neuropatol.*, Bd. V, S. 190. Napoli, 1887.

346. **dello Strologo:** Un caso di mutismo isterico guarito coll' ipnotismo. *Morgagni*, Bd. XXIX, S. 636. Napoli, 1887.

347. **Purgotti:** La terapeutica ipnotica e suggestiva. *Morgagni*, Bd. XXIX, S. 75—90. Napoli, 1887.

348. **Conca:** Isterismo ed ipnotismo. Roma, 1887.

349. **Carreras Sola:** Amaurosis histérica curada por la suggestion hipnótica. *Rev. de cienc. méd.*, Bd. XIII, S. 257. Barcelona, 1887.

350. **Herrero:** Del hipnotismo. *Corr. méd. Castellano*, Bd. IV, Nr. 75 u. 79. Salamanca, 1887.

351. **Byron:** Del hipnotismo. *Crónica méd.*, Bd. IV, S. 265. Lima, 1887.

352. **Fraenkel** (Slagelse): Hypnotismens Anvendelse i Therapien. *Ugeskr. f Läger,* 4 R., Bd. XV, 17, S. 245. Kjöbenhavn, 1887.

353. **Bentzon:** Et Par Tilfälde af Hypnotisering anvendt i kurativt Öjemed. *Ugeskr. f. Läger.*, 4 R., Bd. XVI, 31, 32, S. 579. Kjöbenhavn, 1887.

1887. 354. **Lütken:** Hypnotismen anvendt ved Sygebehandling. *Ugeskr.*
f Läger., 4 R., Bd. XVI, 34, 35, S. 617. Kjöbenhavn,
1887.

355. **Petersen:** Hypnotismen. *Ugeskr. f. Läger.,* 4 R., Bd. XVI,
34, 35, S. 639. Kjöbenhavn, 1887.

356. **Hytten:** Helbredelser ved hypnotisk Behandling. *Ugeskr. f*
Läger, 4 R., Bd. XVI, 36, S. 645. Kjöbenhavn, 1887.

357. **Fraenkel** (Slagelse): Hr. Dr. med. Jul. Petersen's Udtalelser
om Hypnotismen i den kjöbenhavnske Lägeforenings Möde
d. 29de Nov. *Ugeskr. f. Läger.,* 4 R., Bd. XVI, 37, S. 683.
Kjöbenhavn, 1887.

358. **Sell:** Om Hypnotismen. En Indsigelse. *Ugeskr. f Läger.,*
4 R., Bd. XVI, 37, S. 688. Kjöbenhavn, 1887.

359. **Petersen:** Svar paa Dr. Fraenkel's og Dr. Sell's Indlaeg
on Hypnotismen. *Ugeskr. f Läger,* 4 R., Bd. XVI,
38, S. 707. Kjöbenhavn, 1887.

360. **Carlsen:** Hypnotismen som Lägemiddel. *Ugeskr. f Läger.,*
4 R., Bd. XVI, 38, S. 711. Kjöbenhavn, 1888.

361. **Friedenreich:** Hypnotismen som Lägemiddel. *Ugeskr. f*
Läger., 4 R., Bd. XVI, 39, S. 741. Kjöbenhavn, 1887.

362. **Scavenius-Nielsen:** Om Hypnotismens Berettigelse som Kur-
methode. *Ugeskr. f Läger.,* 4 R., Bd. XVI, 39,
S. 743. Kjöbenhavn, 1887.

363. **Lindén:** Fall af hypnotisering med svåra följder. *Finska*
läkaresällsk handl., Bd. XXIX, 5, S. 281. Helsingfors,
1887.

364. **Kobyljansky:** Heilung von Dysmennorrhoë durch hypnotische
Suggestion bei einer Hysterischen. *Wratsch,* Bd. VIII,
S. 868. St. Petersburg, 1887.

365. **Kolski:** Über Hervorrufung der Menstruation durch Sug-
gestion in der Hypnose. *Medic. Obosr.,* Bd. XII, Nr. 20.
Moskwa, 1887. Vgl. *Wratsch,* Bd. VIII, Nr. 50. St.
Petersburg, 1887.

366. **Telnichin:** Ein Fall von erfolgreicher Anwendung der Hypnose. *Wratsch,* Bd. VIII, S. 492. St. Petersburg, 1887.

367. **van Renterghem:** Hypnotisme en suggestie in de geneeskundige praktijk. Amsterdam, 1887.

1887. 368. van Renterghem: Het hypnotisme en zijne toepassing in de geneeskunde. Amsterdam, 1887.

1888. 369. Bottey: Aphonie hystérique guérie par suggestion hypnotique. *Journ. de méd. de Paris*, Bd. VIII, S. 1. 1888.

370. **Voisin** (Jules): Guérison par la suggestion hypnotique d'idées délirantes et de mélancolie avec conscience. *Rev. Hypn.*, Bd. II, S. 242. Paris, 1888.

371. **Gros:** Impossibilité de marcher datant de trois années. Hypnotisme et suggestion. Guérison. *Rev. Hypn.*, Bd. II, S. 253. Paris, 1888.

372. **Ladame:** Observation de somnambulisme hystérique avec dédoublement de la personnalité guéri par la suggestion hypnotique. *Rev. Hypn.*, Bd. II, S. 257. Paris, 1888.

373. **Auvard** et **Secheyron:** L'hypnotisme et les suggestions en obstétrique. *Arch. de tocolog.*, Bd. XV, S. 27—40, 78 bis 103, 146—166. Paris, 1888. Vgl. *Rev. Hypn.*, Bd. II, S. 305. Paris, 1888.

374. **Sallis:** Der Hypnotismus in der Geburtshülfe. Berlin und Neuwied, 1888.

375. **Wilhelm:** Über den gegenwärtigen Stand einiger neueren Disziplinen in der Nervenpathologie. 1) Die Magnetotherapie, 2) Der Hypnotismus. *Allgem. Wiener med. Ztg.*, Bd. XXXIII, S. 48 u. S. 60. 1888.

376. **Mendel:** Der Hypnotismus und seine Verwertung als Heilmittel. *Nation,* Jahrg. V, Nr. 16, S. 222. Berlin, 1888.

377. **Nonne:** Zur therapeutischen Verwertung der Hypnose. *Neurol. Centralbl.*, Jahrg. VII, S. 185 u. S. 226. Berlin, 1888.

378. **Sperling:** Ein Fall von Hystero-Epilepsie durch Suggestion geheilt. *Verh. Berl. med. Ges.*, Bd. XVIII, S. 142. 1888.

379. **Tamburini:** Contributo allo studio clinico dell' ipnotismo e del cosi detto sdoppiamento della coscienza. *Riv. sper. di Fren.*, Bd. XIII, Med. Leg. S. 234. Reggio-Emilia, 1888.

380. **Musso** e **Tanzi:** L'influenza della suggestione nell' ipnosi isterica. *Collezione di letture sulla medicina,* Ser. IV, Nr. 6, S. 40. Milano, 1888.

381. **Miliotti:** Su di un' isterica ipnotizzabile amaurotica dell' occhio sinistro. *Morgagni*, Jahrg. XXX, S. 167—178. Napoli, 1888.

1888. 382. **M. N.:** Un caso notable de sugestión, *Siglo méd.*, Jahrg. XXXV, S. 4. Madrid, 1888.

383. **de Areilza:** Afasia y afonia traumático-esenciales curadas por el hipnotismo. *Siglo méd.*, Jahrg. XXXV, S. 248. Madrid, 1888.

384. **van Eeden:** De psychische geneeswÿse. Amsterdam, 1888.

385. **Koch:** Hypnotismens Anvendelse som Lägemiddel. *Ugeskr. f Läger.*, 4 R., Bd. XVII, 1, 2, S. 10. Kjöbenhavn, 1888.

386. **Schleisner:** Hypnotismens Anvendelse som Lägemiddel. *Ugeskr. f Läger.*, 4 R., Bd. XVII, 4, 5, S. 69. Kjöbenhavn, 1888.

387. **Schleisner:** Hypnotismens Berettigelse som kurativt Middel og Stilling til den experimentelle Videnskab. *Ugeskr. f Läger,* 4 R., Bd. XVII, 4, 5, S. 69. Kjöbenhavn, 1888.

388. **Sell:** Hypnotismen og den danske Lägeforening. *Ugeskr. f Läger,* 4. R., Bd. XVII, 19, 20, S. 342. Kjöbenhavn, 1888.

389. **Wetterstrand:** Om den hypnotiska suggestionens användning i den praktiska medicinen. *Hygiea,* Bd. XL, S. 28, 130, 171. Stockholm, 1888.

390. **Schleisner:** Hypnotisme. *Ugeskr. f. Läger,* 4 R., Bd. XVII, 22, 23. S. 404. Kjöbenhavn, 1888.

Vergleiche:

1, 2, 3, 4, 5, 6, 7, 8, 9, 11, 12, 14, 15, 17, 18, 19, 20, 21, 22, 23, 24, 25, 26, 27, 28, 29, 30, 31, 32, 33, 34, 35, 37, 38, 39, 40, 41, 42, 43, 44, 45, 46, 47, 48, 49, 50, 51, 52, 53, 54, 55, 56, 57, 58, 59, 60, 61, 62, 63, 64, 65, 66, 67, 68, 69, 70, 71, 72, 73, 74, 75, 76, 77, 78, 79, 80, 81, 82, 83, 85, 86, 87, 88, 89, 90, 91, 92, 93, 96, 97, 99, 100, 101, 102, 103, 104, 105, 106, 107, 108, 109, 110, 111, 113, 114, 115, 116, 117, 118, 119, 120, 121, 122, 123, 124, 126, 128, 130, 131, 133, 134, 135, 136, 137, 140, 142, 143, 145, 147, 149, 150, 151, 152, 153, 154, 155, 156, 157, 158, 160, 163, 164, 165, 166, 167, 168, 170, 172, 174, 175, 176, 177, 178, 179, 180, 181, 182, 185, 186, 188, 190, 191. — 391, 394, 426. — 429, 436, 438, 468, 470, 475, 477, 480. — 491, 492, 493, 500, 502, 506, 511, 516, 526, 540, 545, 546, 552, 554. — 575, 576, 577, 578, 579, 580, 581, 597, 601, 602, 603, 604, 610, 611. — 630, 685, 687, 690, 691. — 705, 722, 732, 734, 737, 740, 745, 748, 749, 750, 751. — 759, 760, 767, 775, 777, 785, 787, 788, 789.

III.

Magnetismus und Hypnotismus.

1853. 391. **Burq:** Métallothérapie. Paris, 1853.

1879. 392. **Landouzy:** Relation d'un cas de léthargie provoquée par l'action d'un aimant. *Progrès méd.*, Jahrg. VII, S. 60. Paris, 1879.

393. **Hack Tuke:** Metalloscopy and expectant attention. *Journ. of ment. Science,* Bd. XXIV, S. 495. London, 1879.

1881. 394. **Petit:** La métallothérapie, ses origines, son histoire et les procédés thérapeutiques, qui en dérivent. Paris, 1881.

395. **Maggiorani:** Influenza del Magnetismo sulla vita animale. Roma, 1881.

1882. 396. **Leblois:** Hypnotisme et métalloscopie. Anvers, 1882.

397. **Dumontpallier et Magnin:** Étude expérimentale sur la métalloscopie, l'hypnotisme et l'action de divers agents physiques dans l'hystérie. *Compt. rend. Acad. des sciences,* Bd. XCIV, S. 60 u. S. 158. Paris, 1882. Vgl. *Gaz. des hôp.,* Jahrg. XIV, S. 1198. Paris, 1881.

398. **Lombroso:** Sull' azione del magnese e sulla trasposizione di sensi nell' isterismo. *Arch. di psichiatr.,* Bd. III, S. 221 bis 237. Torino, 1882.

1884. 399. **Burq et Moricourt:** Un mot sur une malade hypnotique et sur l'aboyeuse de Nevers. *Gaz. des hôp.,* Jahrg. LVII., S. 453. Paris, 1884.

1888. 400. **Charcot:** Hypnotisme, métalloscopie, électrothérapie. Paris, 1888.

401. **Peter:** Un cas curieux d'hystérie; sensibilité des téguments au contact de l'or; action des médicaments à distance.

Gaz. des hôp., Jahrg. LXI, S. 245. Paris, 1888. Vgl.
Rev. Hypn., Bd. II, S. 503. Paris, 1888.

1888. 402. Benedikt: Kasuistische Beiträge zur Magnetotherapie. *Intern. klin. Rdschau.,* Jahrg. II, S. 42. Wien, 1888.

1881. 403. Salvioli: Alcune ricerche sul così detto sonno magnetico. *Arch. di Psichiatr.,* Bd. II, S. 409—420. Torino, 1881.

1884. 404. Ochorowicz: Essai sur le sens du toucher et le sens du magnétisme. *Rev. scient.,* Bd. XXXIII, S. 553. Paris, 1884.

405. — —: Note sur un critère de la sensibilité hypnotique; l'hypnoscope; une nouvelle méthode de diagnostic. *Compt. rend. Soc. de biol.,* Ser. VIII, Bd. I, S. 324. Paris, 1884.

406. Barrett: Note on the existence of a ‚magnetic sense'. *Proc. Soc. Psychic. Res.,* Bd. II, S. 56. London, 1884. — *Nature,* Bd. XXIX, S. 476. London, 1884. Deutsch in: *Sphinx,* Bd. I, 4, S. 235. Leipzig, 1886; vgl. *Sphinx,* Bd. II, 2, S. 97. Leipzig, 1886.

1885. 407. Ochorowicz: De l'hypnoscope. *Science et Nature,* Jahrg. III, Nr. 91. Paris, 1885.

408. Pohl: Das Hypnoscop. *Petersb. med. Wochenschr.,* N. F., Bd. II, S. 253. 1885.

1886. 409. Ochorowicz: L'hypnoscope. *Rev. Hypn.,* Bd. I, S. 49. Paris, 1886.

410. Grasset: Note sur l'hypnoscope d'Ochorowicz. *Rev. Hypn.,* Bd. I, S. 316. Paris, 1886.

411. Gessmann: Magnetismus und Hypnotismus. *Sphinx,* Bd. II, 1, S. 43. Leipzig, 1886.

1887. 412. Chazarain et **Dècle:** Découverte de la polarité humaine ou démonstration des lois suivant lesquelles l'application des aimants etc. déterminent l'état hypnotique. Paris, 1886.

413. Delbœuf: Note sur l'hypnoscope et sur les phénomènes de transfert par les aimants. *Rev. Hypn.,* Bd. I, S. 370. Paris, 1887.

1887. 414. **Jastrow** and **Nuttall**: On the existence of a magnetic sense. *Proc. Amer. Soc. Psychic. Res.*, Bd. I, S. 116—126. Boston, 1887.

1880. 415. **Bartholow**: The transfer of sensations. *Journ. nerv. & ment. dis.*, Bd. V, S. 402. Chicago, 1880.

1884. 416. **Féré** et **Binet**: Note pour servir à l'histoire du transfert chez les hypnotiques. *Compt rend. Soc. de biol.*, Ser. VIII, Bd. I, S. 442. Paris, 1884. *Progrès méd.*, Jahrg. XII, S. 563. Paris, 1884.

1885. 417. **Binet** et **Féré**: L'hypnotisme chez les hystériques. Le transfert. *Rev. philos.*, Bd. XIX, S. 1—25. Paris, 1885.

    418. — —: La polarisation psychique. *Rev. philos.*, Bd. XIX, S. 369—402. Paris, 1885.

    419. **Löwenthal**: Über psychischen Transfert. *Verhdlg. des Congr. f innere Med.*, Bd. IV, S. 399. Wiesbaden, 1885.

    420. **Kobyljanski**: Die Bedeutung des Magnetismus und des galvanischen Stroms im Hypnotismus. *Wratsch*, Bd. VI, S. 659. Petersburg, 1885.

1886. 421. **Babinski**: Recherches servant à établir que certaines manifestations hystériques peuvent être transférées d'un sujet à un autre sujet sous l'influence de l'aimant. *Rev. philos.*, Bd. XXII, S. 697. Paris, 1886.

1887. 422. **Bianchi** e **Sommer**: La polarizzazione psichica nella fase sonnambolica dell' ipnotismo. *Arch. di psichiatr.*, Bd. VII, S. 387. Torino, 1886. Französ. in: *Rev. philos.*, Bd. XXIII, S. 143. Paris, 1887.

    423. **Brown-Séquard**: Dualité du cerveau et de la moelle épinière d'aprés des faits montrant que l'anesthésie, hyperesthésie etc. dues à des lésions organiques du centre cérébrospinal peuvent être transférés d'un côté à l'autre du corps. *Compt. rend. Acad. des sciences*, Bd. CV, S. 646. Paris, 1887.

    424. **Ottolenghi**: Sul transfert dell' ambliopia emianestesica provocato dalla suggestione del transfert dell' emianestesia sensitiva dello stesso lato. *Gazz. degli. osp.*, Bd. VIII, S. 218. Milano, 1887.

1887. 425. **Lombroso:** La dispolarizzazione negli ipnotici. *Arch. di psichiatr.,* Bd. VIII, 4, S. 409. Torino, 1887.

1888. 426. **Guicciardi** e **Petrazzani:** Il ,transfert' nell' isterismo, specialmente per l'azione della elettricita statica. *Riv. sper. di Fren.,* Bd. XIII, 3, S. 294—336. Reggio-Emilia, 1888.

Vergleiche:

1, 2, 4, 5, 6, 7, 8, 9, 10, 11, 12, 13, 14, 15, 16, 17, 18, 19, 20, 21, 22, 23, 24, 25, 29, 30, 31, 32, 33, 34, 35, 36, 37, 39, 41, 43, 44, 45, 46, 47, 48, 49, 50, 51, 52, 53, 54, 55, 56, 57, 58, 59, 60, 61, 63, 64, 65, 66, 67, 68, 69, 70, 71, 72, 73, 75, 76, 77, 78, 79, 81, 82, 83, 85, 86, 87, 88, 90, 91, 92, 96, 97, 100, 102, 103, 104, 105, 106, 107, 111, 117, 118, 119, 120, 121, 124, 130, 131, 137, 139, 142, 143, 145, 147, 150, 153, 154, 155, 156, 157, 158, 160, 163, 164, 165, 166, 167, 170, 174, 176, 177, 178, 179, 180, 181, 182, 185, 186. — 220, 227, 228, 229, 249, 250, 328, 348, 375. — 740, 751, 752, 754.

IV.

Zur Physiologie.

1857. 427. **Macario:** Du sommeil, des rêves et du somnambulisme. Lyon, 1857.

1879. 428. **Ott:** Retrograde and lateral movements with hypnotism. *Journ. of nerv. & ment. dis.,* Bd. IV, S. 291. Chicago, 1879.

1880. 429. **Richet** et **Brissaud:** Faits pour servir à l'histoire des contractures. *Progrès méd.,* Bd.. VIII, S. 365, 449, 466. Paris, 1880.

430. **Richet:** De l'excitabilité réflexe des muscles dans la premiére période du somnambulisme. *Arch. de physiol.,* Bd. XII, S. 155. Paris, 1880.

431. **Ballet:** Nouveau fait à l'appui de la localisation de Broca. *Progrès méd.,* Bd. VIII, S. 739. Paris, 1880.

1881. 432. **Charcot** et **Richer:** Hyperexcitabilité neuro-musculaire dans la période léthargique de l'hypnotisme hystérique. *Compt. rend. Soc. de biol.,* Ser. VII, Bd. III, S. 133 u. S. 139. Paris, 1881.

1882. 433. **Dumontpallier** et **Magnin:** Hyperexcitabilité neuro-musculaire dans les différentes périodes de l'hypnotisme. *Compt. rend. Soc. de biol.,* Ser. VII., Bd. IV., S. 147. Paris, 1882. Vgl. *Gaz. des hôp.,* Jahrg. LV, S. 244. Paris, 1882.

434. **Féré:** Mouvements de la pupille et propriétés du prisme dans les hallucinations provoquées des hystériques. *Compt. rend. Soc. de biol.,* Ser. VII, Bd. III, S. 385. Paris, 1881. Vgl. *Arch. de neurol.,* Bd. III, S. 291. Paris, 1882.

435. **Dumontpallier** et **Magnin:** Léthargie incompléte avec conservation de l'ouïe et de la mémoire. — Indépendance fonctionelle de chaque hémisphére cérébral. — Illusions,

hallucinations unilatérales ou bilatérales provoquées. *Gaz. des hôp.*, Jahrg. LV, S. 21, 53, 75, 77, 114, 165. Paris, 1882.

1883. 436. **Charcot** et **Richer:** Diathése de contracture chez les hysté-riques. *Compt. rend. Soc. de biol.*, Ser. VII, Bd. V, S. 39. Paris, 1883.

437. **Richer:** Les phénomènes neuromusculaires de l'hypnotisme. *Compt. rend. Soc. de biol.*, Ser. VII, Bd. V, S. 619. Paris, 1883. — *Progrès méd.*, Jahrg. XII, 5, S. 5. Paris, 1884.

438. **Richet:** Hypnotisme et contracture. *Compt. rend. Soc. de biol.*, Ser. VII, Bd. V, S. 662. Paris, 1883.

439. **Charcot** and **Richer:** Note on certain facts of cerebral automatism observed in hysteria during the cataleptic period of hypnotism. Suggestion by the muscular sense. *Journ. nerv & ment. dis.*, Bd. X, S. 1—13. New-York, 1883.

440. **Seppilli:** La malattia di Thomsen; analogia coi fenomeni muscolari dell' ipnotismo. *Arch. ital. per le mal. nerv.*, Bd. XX, 5, S. 357. Milano, 1883.

441. **Yung:** Le sommeil normal et le sommeil pathologique. Paris, 1883.

1884. 442. **Richet:** Un cas de suggestion dans le rêve. *Rev. philos.*, Bd. XVII, S. 471. Paris, 1884.

443. **Taguet:** Hypnotisme avec hyperesthésie de l'ouïe et de l'odorat. *Ann. méd.-psychol.*, Ser. VI, Bd. XII, S. 325—342. Paris, 1884.

444. **Binet** et **Féré:** Les paralysies par suggestion. *Rev. scient.*, Bd. XXXIV, S. 45. Paris, 1884.

445. — —: Note sur le somnambulisme partiel et les loca-lisations cérébrales. *Compt. rend. Soc. de biol.*, Ser. VIII, Bd. I, S. 491. Paris, 1884.

446. **Brémaud:** Note sur la contracture dans la catalepsie hypno-tique. *Compt. rend. Soc. de biol.*, Ser. VIII, Bd. I, S. 23. Paris, 1884.

447. — —: Provocation du somnambulisme d'emblée (les yeux ouverts). *Compt. rend. Soc. de biol.*, Ser. VIII, Bd. I, S. 737. Paris, 1884.

1884. 448. **Beaunis:** Effet de la suggestion sur les actes organiques. *Compt. rend. Soc. de biol.,* Ser. VIII, Bd. I, S. 513. Paris, 1884.

449. **Brémaud:** Des différentes phases de l'hypnotisme et en particulier de la fascination. Paris, 1884.

1885. 450. **Dumontpallier:** Troubles trophiques par suggestion. *Compt. rend. Soc. de biol.,* Ser. VIII, Bd. II, S. 449. Paris, 1885.

451. **Féré:** Remarques à propos de la note de M. Dumontpallier sur la suggestion hypnotique. *Compt. rend. Soc. de biol.,* Ser. VIII, Bd. II, S. 434 u. S. 458. Paris, 1885.

452. **Dumontpallier:** De l'action vaso-motrice de la suggestion chez les hystériques hypnotisables. *Compt. rend. Acad. des sciences,* Bd. CIII, 13. Juli 1885, Paris. Vgl. *Gaz. des hôp.,* Bd. LVIII, S. 619 und S. 644. Paris, 1885. *Compt. rend. Soc. de biol.,* Ser. VIII, Bd. II, S. 597 und S. 458. Paris, 1885.

453. **Bourru** et **Burot:** Hémorrhagie de la peau provoquée par la suggestion en somnambulisme. *Compt. rend. Soc. de biol.,* Ser. VIII, Bd. II, S. 461. Paris, 1885.

454. **Mabille:** Note sur les hémorrhagies cutanées par auto-suggestion dans le somnambulisme provoqué. *Progrès méd.,* Jahrg. XIII, S. 155. Paris, 1885.

455. **Beaunis:** Études physiologiques sur le somnambulisme provoqué. *Rev. méd. de l'est,* Bd. XXII, S. 674—687. Nancy, 1885.

456. **West:** Condition of somnambulism after fright. *St. Barth. Hosp. Rep.,* Bd. XXI, S. 63. London, 1885.

457. **Hodgson:** The similarity of the phenomena of the nervous sleep, hypnotism, spiritualism, to the physiological action of Cannabis Indica or hashish. *Maryl. Med. Journ.,* Bd. XIII, S. 481. Baltimore, 1885.

458. **Alphandery:** Contribution à l'étude de la mécanique psycho-physiologique d'aprés les expériences de M. Ch. Féré. *Arch. gén. de méd.,* 1885, II, S. 335—346. Paris.

459. **Danilewsky:** Zur Physiologie des tierischen Hypnotismus. *Centralbl. f. d. med. Wiss.,* Bd. XXIII, S. 337. Berlin, 1885.

460. **Silva:** Su alcuni fenomeni rari che si presentano durante l'ipnotismo e fuori di esso con un contributo sperimen-

tale allo studio della funzione dei lobi frontali. *Gazz. degli osp.*, Bd. VI, S. 148. Milano, 1885. Vgl. *Gazz. delle clin.*, Bd. XXI, S. 113. Torino, 1885.

1885. 461. **Vinelli:** Inhibição e dynamogenia. *Rev. dos curs. prat. e theor. da Fac. de med. do Rio de Jan.*, Bd. II, S. 169 bis 188. 1885.

1886. 462. **Féré:** Inhibition et épuisement. *Compt. rend. Soc. de biol.*, Ser. VIII, Bd. III, S. 220. Paris, 1886.

463. **Ladame:** Expérience sur l'ouïe dans l'hypnotisme au moyen du microphone, du téléphone et du courant galvanique. *Rev. Hypn.*, Bd. I, S. 100. Paris, 1886.

464. **Bérillon:** Dissociation des phénomènes psychomoteurs dans l'état d'hypnotisme. *Gaz. des hôp.*, Jahrg. LIX, S. 806. Paris, 1886.

465. **Parant:** Considérations sur l'état de conscience dans le somnambulisme spontané et dans les états connexes; action réflexe du cerveau. Paris, 1886.

466. **Sgrosso:** Circulazione endoculare e fenomeni pupillari nell' ipnotizzato. *Psichiatr.*, Bd. IV, S. 273. Napoli, 1886.

467. **Voisin (A.):** Études des phénomènes réflexes comme diagnostic du sommeil hypnotique. *Gaz des hôp.*, Jahrg. LIX, S. 786. Paris. 1886.

468. ** **Barth:** Du sommeil non naturel. Ses diverses formes. Paris, 1886.

469. ** **Langle:** De l'actien d'arrêt ou inhibition dans les phénoménes psychiques. Paris, 1886.

470. **Mosso:** Fisiologia e patologia dell' ipnotismo. *Nuova Antol.*, Ser. III, Bd. III u. IV, S. 638—658 u. S. 56—75. Roma, 1886.

471. **Morselli:** Fisiopsicologia dell' ipnotismo. *Riv. di filos. scient.*, Bd. V, S. 312. Torino e Milano, 1886.

1887. 472. **Brugia:** La psicofisiologia dell' ipnotismo. *Arch. ital. per le mal. nerv*, Bd. XXIII, S. 243 u. S. 323; Bd. XXIV, S. 304; Bd. XXV, S. 57. Milano, 1886, 1887, 1888. Vgl. *Allg. Zeitschr. f Psychiatr.*, Bd. XXXIV, S. 130. Berlin, 1887.

1887. 473. **Sauvaire:** Observations d'hyperesthésie des sens dans l'état hypnotique. *Rev. philos.*, Bd. XXIII, S. 333. — *Bull. Soc. Psychol. physiol.*, Bd. III, S. 21. Paris, 1887.

474. **Féré:** Sensation et mouvement. Paris, 1887. Vgl. *Rev. philos.*, Bd. XX, S. 352. Paris, 1885.

475. **Binet:** Note sur l'écriture hystérique. *Rev. philos.*, Bd. XXIII, S. 67. Paris, 1887.

476. **Binet** et **Féré:** Recherches expérimentales sur la physiologie des mouvements chez les hystériques. *Arch. de physiol.*, Ser. III, Bd. X, S. 320—373. Paris, 1887.

477. **Borel:** Affections hystériques des muscles oculaires et leur reproduction par la suggestion hypnotique. *Ann. d'oculist.*, Bd. XCVIII, S. 169. Bruxelles, 1887.

478. — —: Contractions et paralysies oculaires par suggestion. *Arch. d'ophthal.*, Bd. VIII, Nr. 6. Paris, 1887.

479. **Tissié:** Note sur quelques expériences faites dans l'état de suggestion. — Dynamometrie, sensibilité et mouvement. *Bull. Soc. anthropol. de Bordeaux et du Sud-Ouest*, Bd. III, Nr. 3 u. 4. 1887. Als Broschüre: Bordeaux, 1887.

480. **Roth:** Physiological effects of artificial sleep with notes on treatment by suggestion and cures by imagination. London, 1887.

481. **de Watteville:** Sleep and its counterfeits. *Fortnigth. Rev.*, N. F., Bd. XLI, S. 732. London, 1887.

482. **Cory:** Deductions suggested by the study of hypnotic phenomena. *Proc. Am. Soc. Psychic. Res.*, Bd. I, S. 236. Boston, 1887.

483. **Lourie:** I fatti e le teorie dell' inibizione. — I fatti. *Riv. di filos. scient.*, Bd. VI, 2. S. 577—597. Torino e Milano, 1887.

484. **Raggi:** Nuovi studj sull' ipnotismo. *Arch. di psichiatr.*, Bd. VIII, S. 501. Torino, 1887. Vgl. *Riv. sper. di Fren.*, Bd. XIII, Med. leg. S. 233. Reggio-Emilia, 1888.

485. **Lodder:** Hypnotische verschijnselen gebonden aan cerebrale Hemiplegie. *Weekbl. nederl. tijdschr. voor geneesk.*, Bd. XXIII, S. 61. Amsterdam, 1887.

1888. 486. **Magnin:** Allochirie visuelle chez une hystérique hypnotisée. *Rev. Hypn.*, Bd. II, S. 240. Paris, 1888.

487. **Cybulski:** Der Hypnotismus vom physiologischen Gesichtspunkte aus betrachtet. *Przeg. lekar.*, Bd. XXVI, S. 273, 290, 306, 324, 337, 352, 369, 382, 399, 415, 428, 439. Krakowiek, 1887.

488. **Decroix:** Le tabac devant l'hypnotisme et la suggestion. Paris, 1888.

Vergleiche:

2, 4, 5, 6, 7, 8, 9, 10, 11, 12, 13, 14, 15, 16, 17, 18, 19, 20, 21, 22, 23, 24, 25, 26, 27, 28, 29, 30, 31, 32, 33, 34. 35, 36, 37, 38, 39, 40, 41, 42, 43, 44, 45, 46, 47, 48, 49, 50, 51, 52, 53, 54, 55, 56, 57, 58, 59, 60, 61, 62, 63, 64, 65, 66, 67, 68, 69, 70, 71, 72, 73, 74, 75, 76, 77, 78, 79, 80, 81, 82, 83, 84, 85, 86, 87, 88, 90, 91, 92, 93, 94, 95, 96, 97, 98, 99, 100, 102, 103, 104, 105, 106, 107, 108, 109, 110, 111, 112, 113, 114, 115, 117, 118, 119, 120, 121, 122, 123, 124, 126, 127, 129, 130, 131, 132, 135, 136, 137, 138, 139, 142, 143, 145, 146, 147, 149, 150, 151, 152, 153, 154, 155, 156, 157, 158, 159, 160, 161, 162, 163, 164, 165, 166, 167, 168, 169, 170, 171, 172, 173, 174, 176, 177, 178, 179, 180, 181, 182, 185, 186, 187, 188, 191. — 201, 202, 205, 228, 229, 233, 236, 241, 285, 288, 307, 348. — 418, 419, 423. — 518, 558. — 634, 646, 656, 665, 685, 688, 689, 690, 691, 694. — 699, 705, 717, 722, 723, 725, 729, 734, 735, 738, 739, 740, 744, 745, 748, 749, 752. — 762, 765, 768, 769, 781, 782, 784, 785.

V.

Zur Psychologie und Pädagogik.

1868. 489. **Despine:** Psychologie naturelle. Paris, 1868.

1874. 490. **Mesnet:** Le somnambulisme naturel. *Union méd.*, 20. Juli 1874. Paris.

491. — —: De l'automatisme, de la mémoire et du souvenir dans le somnambulisme pathologique. *Union méd.*, Ser. III, Bd. XVIII, S. 105 u. S. 117. Paris, 1874. Als Buch: Paris, 1874.

1876. 492. **Azam:** Amnésie périodique ou dédoublement de la vie. *Ann. méd.-psychol.*, Ser. V, Bd. XVI, S. 5—35. Paris, 1876. — *Rev. scient.*, Ser. II, Bd. X, S. 481. Paris, 1876.

493. — —: Le dédoublement de la personnalité. Suite de l'histoire de Félida X... *Rev. scient.*, Ser. II, Bd. XI, S. 265. Paris, 1876.

494. **Dufay:** Un cas de double personnalité. *Rev. scient.*, Ser. II, Bd. X, S. 312. Paris, 1876.

1877. 495. **Bouchut:** De la double conscience. — De l'amnésie périodique. — Du dédoublement de la vie. — Du somnambulisme diurne. *Gaz. des hôp.*, Jahrg. L, S. 280. Paris, 1877.

1881. 496. **Richet:** The simulation of somnambulism. *Lancet*, 1881, I, S. 8 u. S. 51. London.

497. **Madden:** On lethargy or trance. *Dublin journ. of med. science,* Bd. LXXI, S. 297. 1881.

498. **Beard:** Mesmeric trance. *Boston Med. & Surg. Journ.,* Bd. CIII, S. 265. 1881.

499. **Sully:** Illusions, a psychological study. London, 1881.

1882. 500. **Camuset:** Un cas de dédoublement de la personnalité. — Période amnésique d'une année chez un jeune homme hystérique. *Ann. méd.-psychol.*, Ser. VIII, Bd. VII, S. 75 bis 86. Paris, 1882.

1882. 501. **Paulhan:** Variations de la personnalité à l'état normal. *Rev. philos.*, Bd. XVI, S. 639. Paris, 1882.

1883. 502. **Azam:** Altérations de personnalité. *Rev. scient.*, Ser. III, Bd. VI, S. 610. Paris, 1883.

503. **Richet:** La personnalité et la mémoire dans le somnambulisme. *Rev. philos.*, Bd. XVII, S. 225. Paris, 1883.

504. **Guyau:** Sur les modifications artificielles du caractére dans le sómnambulisme provoqué. *Rev. philos.*, Bd. XVII, S. 433. Paris, 1883.

505. **Ribot:** L'anéantissement de la volonté. *Rev. philos.*, Band XVIII, S. 133. Paris, 1883.

506. **Davezac:** Des suggestions hypnotiques. *Journ. de méd. de Bordeaux*, Bd. XIII, S. 450, 463, 490. 1883.

507. **Hack Tuke:** On the mental condition in hypnotism. *Journ. ment. Science*, Bd. XXIX, S. 55—80. London, 1883. Französisch in: *Ann. méd.-psychol.*, Ser. VI, Bd. X, S. 186—200 u. S. 390—411. Paris, 1883.

508. **Hall:** Reaction-time and attention in the hypnotic state. *Mind*, Bd. VIII, S. 170—182. London, 1883.

1884. 509. **Hallopeau:** De l'hallucination. *Encéph.*, Bd. IV, S. 151. Paris, 1884.

510. **Binet:** Hallucinations. *Rev. philos.*, Bd. XVII, S. 377—412 und S. 473—503. Paris 1884. Vgl. *Mind*, Bd. IX, S. 413. London and Edinburgh, 1884.

511. **Bottey:** Des suggestions provoquées à l'état de veille chez les hystériques et chez les sujets sains. *Compt. rend. Soc. de biol.*, Ser. VIII, Bd. I, S. 171. Paris, 1884.

512. **Brémaud:** Sur l'abolition des suggestions à l'état de veille, chez les sujets hypnotisables. *Compt. rend. Soc. de biol.*, Ser. VIII, Bd. I, S. 279. Paris, 1884.

513. **Bernheim:** Suggestion à l'état de veille. *Compt. rend. Soc. de biol.*, Ser. VIII, Bd. I, S. 214. Paris, 1884. Vgl. *Journ. de thérap.*, Bd. X, S. 641. Paris, 1883. — *Rev. méd. de l'est*, Bd. XV, S. 513, 545, 577, 610, 641. Nancy, 1883.

1884. 514. **Bernheim:** De la suggestion dans l'état hypnotique. *Compt. rend. Soc. de biol.*, Ser. VIII, Bd. I, S. 516. Paris, 1884. Vgl. *Rev. méd. de l'est*, Bd. XVI, S. 545—557. Nancy, 1884.

515. **Richet:** De la suggestion sans hypnotisme. *Compt. rend. Soc. de biol.*, Ser. VIII, Bd. I, S. 553. Paris, 1884.

516. **Espinas:** Du sommeil provoqué chez les hystériques. Essai d'explication psychologique de ses causes et de ses effets. Bordeaux, 1884.

1885. 517. **Gurney:** Hallucinations. *Proc. Soc. Psychic. Res.*, Bd. III, S. 151—189. London, 1885.

518. **Binet** et **Féré:** La théorie physiologique des hallucinations. *Rev. scient.*, Bd. XXXIV, Nr. 2. Paris, 1885.

519. **Delbœuf:** Une hallucination à l'état normal. *Rev. philos.*, Bd. XIX, S. 513. Paris, 1885.

520. — —: Sur les suggestions à date fixe. *Rev. philos.*, Bd. XIX, S. 514. Paris, 1885.

521. **Beaunis:** L'expérimentation en psychologie par le somnambulisme provoqué. *Rev. philos.*, Bd. XX, S. 1 u. S. 113. Paris, 1885.

522. **Bernheim:** Souvenirs latents et suggestions à échéance. *Compt. rend. Soc. de biol.*, Ser. VIII, Bd. II, S. 135 bis 147. Paris, 1885. Vgl. *Rev. méd. de l'est*, Bd. XVIII, S. 97—111. Nancy, 1886.

523. **Bourru** et **Burot:** Un cas de multiplicité des états de conscience avec changement de la personnalité. *Rev. philos.*, Bd. XX, S. 411. Paris, 1885.

524. **Dumontpallier:** D'un état spécial dans lequel se trouvent les hystériques qui accomplissent après le réveil un acte dont l'idée leur a été suggérée pendant la période somnambulique. *Compt. rend. Soc. de biol.*, Ser. VIII, Bd. II, S. 459. Paris, 1885.

525. **Marie** et **Azoulay:** Sur le temps de réaction personnelle chez les hypnotisés. *Compt. rend. Soc. de biol.*, Ser. VIII, Bd. II, S. 507. Paris, 1885.

526. **Voisin** (Jules): Note sur un cas de grande hystérie chez l'homme avec dédoublement de la personnalité. *Arch. de neurol.*, Bd. X, S. 212—225. Paris, 1885.

1885. 527. **Liégeois:** Hypnotisme téléphonique: suggestion à grande distance. *Journ. Soc. de méd. et de pharm. de l'Isère,* Bd. X, S. 122 u. S. 228. Grenoble, 1885. Vgl. *Rev. Hypn.,* Bd. 1, S. 19. Paris, 1886.

528. **Seppilli:** La suggestione ipnotica. *Riv. sper. di Fren.,* Bd. XI, S. 325. Reggio-Emilia, 1885.

529. — —: I fenomeni di suggestione nel somne ipnotico e nella veglia. *Riv. sper. di Fren.,* Bd. XI, S. 325—350. Reggio-Emilia, 1885. Englisch in: *Alien. and Neurol.,* Bd. VII, S. 389—413. St. Louis, 1886.

1886. 530. **Richet:** Des rapports de l'hallucination avec l'état mental. *Bull. Soc. Psychol. physiol.,* Bd. I, S. 21. Paris, 1886.

531. — —: De quelques phénomènes de suggestion sans hypnotisme. *Bull. Soc. Psychol. physiol.,* Bd. I, S. 34. Paris, 1886.

532. **Binet:** La psychologie du raisonnement, recherches expérimentales par l'hypnotisme. Paris, 1886.

533. **Ferrand:** Des suggestions dans l'hypnose. Paris, 1886.

534. **Liégeois** et **Liébeault:** Suggestion à 365 jours d'intervalle. *Rev. Hypn.,* Bd. I, S. 148. Paris, 1886.

535. **Delbœuf:** Les suggestions à échéance. *Rev. Hypn.,* Bd. I, S. 166. Paris, 1886.

536. — —: La mémoire chez les hypnotisés. *Rev. philos.,* Bd. XXI, S. 441—472. Paris, 1886.

537. *** Dichas:** Étude de la mémoire dans ses rapports avec le sommeil hypnotique. Bordeaux, 1886.

538. **Bourru** et **Burot:** Les variations de la personnalité. *Rev. philos.,* Bd. XXII, S. 73. Paris, 1886. Vgl. *Rev. Hypn.,* Bd. I, S. 193, 236, 261. Paris, 1887.

539. **Dumas** (Émile): Transformations de la personnalité. Paris, 1886.

540. **Myers** (A. T.): The life history of a case of double or multiple personality. London, 1886.

541. **Janet:** Les actes inconscients et le dédoublement de la personnalité pendant le somnambulisme provoqué. *Rev. philos.,* Bd. XXI, S. 577—592. Paris, 1886.

1887. 542. **Burot:** Une suggestion par lettre. *Rev. Hypn.,* Bd. I, S. 267. Paris, 1887.

1887. 543. **Bernheim:** Des hallucinations rétroactives provoquées sans hypnotisme et des faux témoignages. *Rev. Hypn.*, Bd. II, S. 4. Paris, 1887.

544. **Copin:** La suggestion des milieux sociaux. *Rev. Hypn.*, Bd. II, S. 70. Paris, 1887.

545. **Mabille** et **Ramadier:** Déroulement spontané ou provoqué d'états successifs de personnalité chez un hystéro-épileptique. *Ann. méd.-psychol.*, Ser. VII, Bd. VI, S. 313. Paris, 1887. Vgl. *Rev. Hypn.*, Bd. II, S. 42. Paris, 1887.

546. **Azam:** Hypnotisme, double conscience et altération de la personnalité. Paris, 1887.

547. **Delbœuf:** De la prétendue veille somnambulique. *Rev. philos.*, Bd. XXIII, S. 113—142 u. S. 262—285. Paris, 1887.

548. **Beaunis:** Sur la spontanéité dans le somnambulisme. *Rev. philos.*, Bd. XXIII, S. 444 (u. S. 549.) Paris, 1887.

549. **Myers:** Human personality in the light of hypnotic suggestion. *Proc. Soc. Psychic. Res,* Bd. VI, S. 1—20. London, 1887. Deutsch in: *Sphinx*, Bd. III, S. 213, 293, 388. Leipzig, 1887.

550. **de Rochas:** Hypnotisme et changement de la personnalité. *Rev. philos.*, Bd. XXIII, S. 330. Paris, 1887. — *Bull. Soc. Psychol. physiol.*, Bd. III, S. 17. Paris, 1887. Deutsch in: *Sphinx*, Bd. III, 18, S. 397.. Leipzig, 1887.

551. **Richet:** La personnalité et la mémoire dans le somnambulisme. *Rev. philos.*, Bd. XXIII, S. 225—242. Paris, 1887.

552. **Janet:** L'anesthésie systématisée et la dissociation des phénomènes psychologiques. *Rev. philos.*, Bd. XXIII, S. 449 bis 472. Paris, 1887.

553. **Binet:** L'intensité des images mentales. *Rev. philos.*, Bd. XXIII, S. 473—497. ·Paris, 1887.

554. **Delbœuf:** De l'origine des effets curatifs de l'hypnotisme. Étude de psychologie expérimentale. *Bull. Acad. Royale des sciences de Belg.*, Ser. III, Bd. XIII, S. 773—794. Bruxelles, 1887. Als Broschüre: Paris, 1887.

555. **Gessmann:** Die Suggestionen. *Sphinx*, Bd. III, 17, S. 318 bis 331. Leipzig, 1887.

1887. 556. **Cybulski:** Über die Autosuggestion bei den Hypnotisierten. *Centralbl. für Physiol.*, Lit. 1887, S. 253. Berlin, 1887.

557. **Raffaele:** La suggestione terapeutica. Napoli, 1887.

558. **Tonnini:** Suggestione e sogni. *Arch. di psichiatr.*, Bd. VIII, S. 264. Torino, 1887.

559. **Reymond:** Visione nello stato di credulita. *Arch. di psichiatr.*, Bd. VIII, S. 411. Torino, 1887.

560. **Petrazzani:** La suggestione nello stato ipnotico e nella veglia. *Riv. sper. di Fren.*, Bd. XIII, S. 153—207. Reggio-Emilia, 1887. Als Broschüre: Reggio-Emilia, 1887.

561. **Minot:** First report of the committee on experimental-psychology. *Proc. Amer. Soc. Psychic. Res.*, Bd. I, S. 218. Boston, 1887.

562. **James** (William): Reaction-time in the hypnotic trance. *Proc. Amer. Soc. Psychic. Res.*, Bd. I, S. 246. Boston, 1887.

1888. 563. **Janet:** Les actes inconscients et la mémoire pendant le somnambulisme. *Rev. philos.*, Bd. XXV, S. 238—279. Paris, 1888.

564. **Bourru** et **Burot:** Les variations de la personnalité. Paris, 1888.

565. **Delbœuf:** De l'anologie entre l'état hypnotique et l'état normal. *Rev. Hypn.*, Bd. II, S. 292. Paris, 1888.

1886. 566. **Bérillon:** De la suggestion hypnotique comme agent moralisateur. *Rev. Hypn.*, Bd. I, S. 97. Paris, 1886. Vgl. *Sphinx*, Bd. III, 13, S. 26. Leipzig, 1887.

567. — —: La suggestion au point de vue pédagogique. Paris, 1886.

568. **Bernheim:** De la suggestion envisagée au point de vue pédagogique. *Rev. Hypn.*, Bd. I, S. 129. Paris, 1886. Vgl. *Sphinx*, Bd. III, 14, S. 71. Leipzig, 1887.

569. **Blum:** Hypnotisme et pédagogie. *Crit. philos.*, Okt. 1886. Paris.

1887. 570. — —: La pédagogie et l'hypnotisme. *Rev. philos.*, Bd. XXIII, S. 445. Paris, 1887.

1887. **571.** **Ladame:** L'hypnotisme et la pédagogie. *Rev. Hypn.*, Bd. I, S. 332 u. S. 359—370. Paris, 1887.

573. **Bérillon:** Les applications de l'hypnotisme au traitement des enfants vicieux. *Rev. Hypn.*, Bd. II, S. 59. Paris, 1887.

573. **Bérillon:** De la suggestion et de ses applications à la pédagogie. *Rev. Hypn.*, Bd. II, S. 169—180. Paris, 1887. Vgl. *Gaz. des hôp.*, Jahrg. LX, S. 1024. Paris, 1887.

Vergleiche:

1, 2, 4, 5, 7, 8, 9, 10, 11, 12, 13, 14, 15, 16, 17, 22, 23, 27, 28, 29, 33, 34, 35, 36, 37, 40, 41, 44, 45, 47, 48, 49, 51, 52, 53, 54, 56, 57, 62, 63, 64, 68, 72, 73, 76, 77, 78, 79, 81, 83, 84, 85, 86, 87, 88, 89, 90, 91, 92, 93, 94, 95, 96, 98, 99, 101, 104, 105, 106, 107, 110, 112, 116, 117, 118, 119, 120, 121, 122, 123, 124, 125, 126, 127, 128, 129, 130, 135, 136, 138, 139, 140, 141, 142, 143, 144, 146, 147, 148, 151, 152, 153, 154, 155, 156, 157, 158, 159, 160, 161, 162, 163, 164, 165, 166, 167, 169, 170, 171, 173, 174, 175, 176, 177, 179, 180, 181, 182, 183, 184, 185, 186, 187, 188, 189, 190. — 203, 235, 236, 240, 263, 270, 271, 281, 301, 307, 332, 348, 372, 379, 382, 384. — 393. — 427, 435, 439, 441, 442, 445, 448, 458, 464, 465, 468, 471, 472, 474, 475, 482. — 582, 586, 593, 602, 616. — 646, 647, 657, 659, 660, 664, 685, 688, 689, 692, 694. — 699, 725, 729, 734, 739, 740, 744, 745, 752. — 778, 779, 780, 784.

4, 8, 9, 10, 17, 18, 23, 29, 35, 44, 47, 48, 49, 51, 52, 62, 63, 64, 68, 77, 78, 79, 84, 85, 86, 89, 90, 91, 92, 105, 106, 107, 117, 124, 128, 138, 141, 142, 143, 144, 151, 152, 153, 154, 155, 156, 157, 160, 163, 164, 165, 166, 167, 170, 179, 181, 183, 184, 188. — 288. — 586, 602. — 740, 752.

VI.

Zur Jurisprudenz.

1859. 574. Sandras: Sur l'hypnotisme et ses dangers. *Bull. Acad. de méd.,* Bd. XXV, S. 213; vgl. *ebenda,* S. 246 u. 276. Paris, 1859.

1879. 575. Brouardel: Accusation de viol accompli pendant le sommeil hypnotique. Relation médico-légale de l'affaire Lévy, dentiste à Rouen. *Ann. d'hyg.,* Ser. III, Bd. I, S. 39 bis 57. Paris, 1879. Spanisch in: *Rev. de méd.,* Bd. I, S. 1, 8, 20, 28, 42, 77, 90. Madrid, 1879.

1881. 576. * * * : The medico-legal relations of hypnotism. *Boston Med. & Surg. Journ.,* Bd. CIV, S. 376. 1881.

577. Vibert: De l'hypnotisme au point de vue médico-légal. *Ann. d'hyg.,* Ser. III, Bd. VI, S. 399. Paris, 1881.

578. Motet: Accés de somnambulisme spontané et provoqué. *Ann. d'hyg.,* Ser. III, Bd. V, S. 214. Paris, 1881. — *Gaz. des hôp.,* Jahrg. LIV, S. 243. Paris, 1881.

1882. 579. Ladame: La névrose hypnotique devant la médecine légale; du viel pendant le sommeil hypnotique. *Ann. d'hyg.,* Ser. III, Bd. VII, S. 518—534. Paris, 1882. — *Gaz. des hôp.,* Jahrg. LV, S. 878, 886, 893. Paris, 1882. — *Corresp.-Bl. f Schweiz. Ärzte,* Bd. XII, S. 329 u. S. 374. Basel, 1882.

580. Franzolini: Del sonnambulismo: Studio medico-forense letto all' Accademia di Udine, nel 19 Nov. 1880. O. O. 1882.

1884. 581. Mabille: Rapport médico-légal sur un cas de viol et d'attentat à la pudeur avec violences, commis sur une jeune fille atteinte d'hystérie avec crises de sommeil. *Ann. méd.-psychol.,* Ser. VI, Bd. XII, S. 83. Paris, 1884.

582. Liégeois: De la suggestion hypnotique dans ses rapports avec le droit civil et le droit criminel. Paris, 1884.

1885. 583. **Binet** et **Féré:** Hypnotisme et responsabilité. *Rev. philos.,* Bd. XIX, S. 265—279. Paris, 1885. Vgl. *Rev. scient.,* 13 Nov. 1886, Paris und *Sphinx,* Bd. III, 16, S. 236 bis 244. Leipzig, 1887.

1886. 584. **Ladame:** L'hypnotisme et la médecine légale. *Rev. Hypn.,* Bd. I, S. 10. Paris, 1886. Deutsch in: *Sphinx,* Bd. II, 6, S. 349. Leipzig, 1886. Vgl. auch *Art. méd.,* Bd. XXII, S. 193. Bruxelles, 1886.

585. **Delacroix:** Les suggestions hypnotiques. Une lacune dans la loi. Paris, 1886.

586. **Naville:** L'hypnotisme et le libre arbitre. *Acad. des sciences mor. et polit.,* 14 Aug. 1886. Paris.

587. **Fraenkel** (Slagelse): Om Hypnotismen i mediko-legal Henseende. *Ugeskr. f Läger,* 4 R., Bd. XVI, 19, S. 281. Kjöbenhavn, 1886.

588. **Campili:** Il grande ipnotismo e la suggestione ipnotica nei rapporti col diritto penale e civile. Rom, 1886.

589. **Pugliese:** Nuovi problemi di responsabilità penale. *Arch. di Psichiatr.,* Bd. VI, S. 111. Torino, 1886.

1887. 590. **Lombroso:** L'ipnotismo applicato alla procedura penale. *Arch. di Psichiatr.,* Bd. VIII, S. 243. Torino, 1887.

591. **Algeri:** Alcuni casi d'ipnotismo ei criminali-pazzi. *Arch. di Psichiatr.,* Bd. VIII, S. 603—612. Torino, 1887.

592. **Andrieu:** Les dangers de l'hypnotisme extrascientifique. *Rev. Hypn.,* Bd. II, S. 125. Paris, 1887.

593. **Burot:** De l'autosuggestion en médecine légale. *Rev. Hypn.,* Bd. II, S. 154. Paris, 1887.

594. *****Rous:** Hypnotisme et responsabilité. Montpellier, 1887.

595. **Drioux:** L'hypnotisme et ses dangers. *Rev. de la Réf. judic.,* Jahrg. III, 15 Mai 1887. Paris.

596. **Charcot:** Des séances publiques d'hypnotisme. *Progrès méd.,* Jahrg. XV (Ser. II, Bd. VI), S. 172. Paris, 1887.

597. **Mesnet:** Étude médico-légale sur le somnambulisme spontané et le somnambulisme provoqué. *Ann. méd.-psychol.,* Jahrg. XLV, S. 481—497. Paris, 1887. Vgl. *Rev. Hypn.,* Bd. I, S. 302—313. Paris, 1887.

1887. 598. **Douliot:** L'hypnotisme et la médecine légale. *Rev. internat.,* Bd. IV, S. 411—425. Rome, 1887.

599. **Brouardel:** Le viol dans le sommeil hypnotique. *Gaz. des hôp.,* Jahrg. LX, S. 1097. Paris, 1887.

600. **Roux-Freissineng:** L'hypnotisme dans ses rapports avec le droit; discours prononcé à la séance solennelle de rentrée de la conférence des avocats de Marseille. Marseille, 1887.

601. *****Lafforgue:** Contribution à l'étude médico-légale de l'hypnotisme. Bordeaux, 1887.

602. **Lutier** et **Havaas:** Hypnotisme et hypnotisées. La suggestien criminelle. Paris, 1887.

603. **Garnier:** L'automatisme somnambulique devant les tribunaux, *Ann. d'hyg.,* Ser. III, Bd. XVII, S. 334—354. Paris, 1887.

604. **Gilles de la Tourette:** L'hypnotisme et les états analogues au point de vue médico-légal. Paris, 1887.

605. **von Lilienthal:** Der Hypnotismus und das Strafrecht. *Zeitschrift ges. Strafrechtswissensch.,* Bd. VII, 3, S. 281—394. Berlin und Leipzig, 1887.

606. **Carlsen:** Fölger af at lege med Hypnotismen. *Ugeskr. f. Läger,* 4 R., Bd. XV, 6, 7, S. 90. Kjöbenhavn, 1887.

607. * * * : Skrivelse af de 10de Juni 1887 fra Justitsministeriet til Politidirektören i Kjöbenhavn (angaaende Hypnotismen). *Ugeskr. f Laeger,* 4 R., Bd. XVI, 15, S. 276. Kjöbenhavn, 1887.

608. **Thomas:** Les procès de sorcellerie et la suggestion hypnotique. Nancy, 1887.

1888. 609. **Perronnet:** L'hypnotisme devant la loi. *Rev. du Siècle,* Jahrg. II, Nr. 8. Lyon, 1888.

610. **Ladame:** L'hypnotisme et la médecine légale. Lyon, 1888.

611. **Briand** et **Lwoff:** Accés de délire mélancolique avec excitation consécutif à des pratiques d'hypnotisme tentées par un magnétiseur. *Rev. Hypn.,* Bd. II, S. 292. Paris, 1888.

612. **Rommelære:** La réglementation de l'hypnotisme. *Rev. Hypn.,* Bd. II, S. 309. Paris, 1888.

613. **Delbœuf:** L'hypnotisme. Lettres à M. Thiriar, Représentaut.

Messager, Jahrg. XVI, S. 334 u. 340. Liège, 1888. (Abdruck aus dem *Journal de Liége*.) Als Broschüre: L'hypnotisme et la liberté des représentations publiques. Lettres à M. le professeur Thiriar, représentant suivies de l'examen du rapport présenté par M. Masoin à l'Académie de médecine. Liége, 1888.

1888. 614. **Lamm:** Förslag om lagstiftning mot missbruk af hypnotismen. *Hygiea,* L. 3, S. 2. Stockholm, 1888.

      615. **Schleisner:** Hypnotismens samfundsfarlige Betydning. Kjöbenhavn, 1888.

      616. **Dessoir:** Zur Psychologie der Rechtspraxis. *Sphinx,* Bd. V, 28, S. 267. *G*era, 1888.

Vergleiche:

1, 4, 12, 13, 17, 18, 23, 44, 47, 48, 49, 51, 52, 62, 63, 64, 66, 67, 68, 72, 77, 78, 79, 81, 84, 85, 86, 90, 91, 92, 98, 99, 105, 106, 107, 110, 117, 123, 124, 125, 126, 128, 134, 135, 136, 141, 142, 143, 144, 150, 151, · 152, 153, 154, 155, 156, 157, 160, 163, 164, 165, 166, 167, 170, 179, 181, 183, 184, 188, 190. — 203, 238, 288, 353, 363. — 543. — 630. — 737, 740, 749, 752. — 759.

VII.

Fernwirkung.

1875. 617. **Dusart:** Sommeil provoqué à distance. *Trib. méd.*, Bd. XIII, 16 und 30 Mai 1875. Paris.

1883. 618. **Barrett:** First report of the committee on thought-reading. *Proc. Soc. Psychic. Res.*, Bd. I, S. 13—34. London, 1883.

619. **Stewart:** Note on thought-reading. *Proc. Soc. Psychic. Res.*, Bd. I, S. 35. London, 1883.

620. **Creery:** Note on thought-reading. *Proc. Soc. Psychic. Res.*, Bd. I, S. 43. London, 1883.

621. **Barrett:** Appendix to the report of thought-reading. *Proc. Soc. Psychic. Res.*, Bd. I, S. 47—64. London, 1883.

622. **Gurney:** Second Report of the committee on thought-transference. *Proc. Soc. Psychic. Res.*, Bd. 1, S., S. 70—97. London, 1883.

623. **Gurney, Myers, Barrett:** Third Report of the committee on thought-transference. *Proc. Soc. Psychic. Res.*, Bd. I, S. 161—215. London, 1883.

624. **Guthrie** and **Birchall:** Record of experiments in thought-transference at Liverpool. *Proc. Soc. Psychic. Res.*, Bd. I, S. 263—283. London, 1883.

625. **Dana:** Transferred impressions and visual exaltation. *Science*, Bd. I, S. 534. Cambridge, U. S. A., 1883.

1884. 626. **Gurney, Myers, Barrett:** Fourth report of the Committee on thought-transference. *Proc. Soc. Psych. Res.*, Bd. II, S. 1—12. London, 1884.

627. **Guthrie:** An account of some experiments in thought-transference. *Proc. Soc. Psych. Res.*, Bd. II, S. 24—43. London, 1884.

1884. 628. **Lodge:** An experiment in thought-transference. *Nature,* Bd. XXX, S. 145. London, 1884.

629. — —: An account of some experiments in thought-transference. *Proc. Soc. Psychic. Res.,* Bd. II, S. 189—201. London, 1884.

630. **Deighton:** Alarming symptoms occurring during the willing-game. *Lancet,* 1884, II, S. 637. London.

631. **Richet:** A propos de la suggestion mentale. *Compt. rend. Soc. de biol.,* Ser. VIII, Bd. I, S. 365. Paris, 1884. Vgl. *Brain,* Jahrg. VII, S. 83. London, 1884

632. **Burq:** La suggestion magnétique. *Compt. rend. Soc. de biol.,* Ser. VIII, Bd. I, S. 373. Paris, 1884. — *Gaz. des hôp.,* Jahrg. LVII, S. 524. Paris, 1884.

633. **de Varigny:** Sur la suggestion mentale. *Compt. rend. Soc. de biol.,* Ser. VIII, Bd. I, S. 381. Paris, 1884.

634. **Gley:** Mouvements fibrillaires et suggestion mentale. *Gaz. des hôp.,* Jahrg. LVII, S. 628 Paris, 1884.

635. **Richet:** La suggestion mentale et le calcul des probabilités. *Rev. philos.,* Bd. XVIII, S. 609—674. Paris, 1884. Vgl. *Proc. Soc. Psych. Res.,* Bd. II, S. 239—264. London, 1884.

1885. 636. **Deniker:** La lecture de la pensée et la Société des recherches psychologiques. *Science et Nature,* Jahrg. II, S. 243. Paris, 1885.

637. **Perronnet:** La suggestion mentale. *Science et nature,* Jahrg. II, S. 337. Paris, 1884.

638. **Guthrie:** Further Report on experiments in thought-transference at Liverpool. *Proc. Soc. Psychic. Res.,* Bd. III, S. 424—452. London, 1885.

639. **Diday:** L'action à distance. *Gaz. hebd. des sciences méd. de Bordeaux,* Jahrg. VI. Okt. 1885.

640. **de Fonvielle:** La suggestion mentale. Paris, 1885.

641. **Hovey:** Mind-reading and beyond. Boston, 1885.

1886. 642. **Dessoir:** Gedanken-Übertragung; ein Protokoll. *Sphinx,* Bd. I, 6, S. 383. Leipzig, 1886. Vgl. *ebenda* S. 34; S. 105; S. 253.

643. **Preyer:** Telepathie und Geisterseherei in England. *D. Rundsch.,* Jahrg. XII, S. 30—51. Berlin, 1886.

1886. 644. **von Notzing:** Übersinnliche Willensübertragung mit und ohne Hypnose. *Sphinx,* Bd. II, 3, S. 179.· Leipzig, 1886.

645. **Dessoir:** Experimentale Untersuchungen. *Sphinx,* Bd. II, 4, S. 242. Leipzig, 1886.

646. **Gurney, Myers, Podmore:** Phantasms of the Living. London, 1886. Vgl. *Amer. Journ. of Psychol.,* Bd. I, 1, S. 128—146. Baltimore, 1887.

647. **Minot:** Report of the committee on thought-transference. *Proc. Amer. Soc. Psychic. Res.,* Bd. I, S. 10. Boston, 1886. Nachtrag ebenda (,Number-habit') S. 86.

648. **Bowditch:** Second report of the committee on thought-transference. *Proc. Amer. Soc. Psychic. Res.,* Bd. I, S. 106. Boston, 1886.

649. **Pickering:** Experiments on thought-transference. *Proc. Amer. Soc. Psychic. Res.,* Bd. I, S. 113. Boston, 1886.

650. **Beaunis:** Un fait de suggestion mentale. *Bull. Soc. de Psychol. physiol.,* Bd. I, S. 39. Paris, 1886.

651. **Richet:** Un fait de somnambulisme à distance. *Bull. Soc. de Psychol. physiol.,* Bd. I, S. 33. Paris, 1886.

652. **Héricourt:** Un cas de somnambulisme à distance. *Bull. Soc. de Psychol. physiol.,* Bd. I, S. 35. Paris, 1886.

653. **Gley:** A propos d'une observation de sommeil provoqué à distance. *Bull. Soc. de Psychol. physiol.,* Bd. II, S. 38. Paris, 1886.

654. **Janet:** Note sur quelques phénomènes de somnambulisme. *Rev. philos.,* Bd. XXI, S. 190. Paris, 1886.

655. — —: Deuxième note sur le sommeil provoqué à distance et la suggestion mentale pendant l'état somnambulique. *Rev. philos.,* Bd. XXII, S. 212--223. Paris, 1886.

656. **Féré:** La question de la suggestion mentale est une question de physiologie. *Rev. philos.,* Bd. XXI, S. 261. Paris, 1886.

657. **Bergson:** De la simulation inconsciente dans l'état d'hypnotisme. *Rev. philos.,* Bd. XXII, S. 525. Paris, 1886.

658. **Ochorowicz:** Sur le probléme de la suggestion mentale. *Rev. philos.,* Bd. XXII, S. 208. Paris, 1886.

659. **Ruault:** Le mécanisme de la suggestion mentale hypnotique. *Rev. philos.,* Bd. XXII, S. 679. Paris, 1886.

1886. 660. **Torchanow:** Hypnotische Suggestion und *G*edankenlesen. (Russisch.) St. Petersburg, 1886.

1887. 661. **Ochorowicz:** De la suggestion mentale. Paris, 1887.

662. **Marillier:** La suggestion mentale et les actions mentales à distance. *Rev. philos.*, Bd. XXIII, S. 400. Paris, 1887.

663. **Price:** Thought-transference. *Boston med. & surg. journ.*, Bd. CXVI, S. 107. 1887.

664. **Myers:** On telepathic hypnotism, and its relation to other forms of hypnotic suggestion. *Proc. Soc. Psychic. Res.*, Bd. IV, S. 127—188. London, 1887.

665. — —: Note on certain reported cases of hypnotic hyperaesthesia. *Proc. Soc. Psychic. Res.*, Bd. IV, S. 532. London, 1887.

666. **Dessoir:** Experiments in muscle-reading and thought-transference. *Proc. Soc. Psychic. Res.*, Bd. IV, S. 111—126. London, 1887.

667. **von Notzing:** Unmittelbare Willensübertragung. *Sphinx*, Bd. III, 13, S. 13. Leipzig, 1887.

668. **Schmoll:** Versuche übersinnlicher Gedankenübertragung. *Sphinx*, Bd. III, 14, S. 121—129. Leipzig, 1887. Vgl. *Proc. Soc. Psychic. Res.*, Bd. IV, S. 324—337. London, 1887.

669. **von Notzing:** Experimente übersinnlicher Eingebungen, hypnotisch und posthypnotisch. *Sphinx*, Bd. III, 18, S. 381. Leipzig, 1887.

670. — —: Telepathische Experimente des Sonderausschusses der psychologischen *G*esellschaft. *Sphinx*, Bd. IV, 24, S. 384. Leipzig, 1887.

671. **Bowditch:** Report of the committee on thought-transference. *Proc. Amer. Soc. Psychic. Res.*, Bd. I, S. 215. Boston, 1887.

672. **du Prel:** Hypnotische Experimente. Comitébericht der ‚Psychologischen *G*esellschaft' in München. *Allgem. Ztg.*, Nr. 108 u. Nr. 109. München, 1887.

673. **Gurney:** Further problems of hypnotism. *Mind*, Bd. XLVII, S. 212—332. London, 1887.

674. — —: Telepathie. Eine Erwiderung auf die Kritik des Herrn Prof. W. Preyer. Leipzig, 1887.

1887. 675. **Dessoir:** Telepathie. *Gegenwart*, Bd. XXXII, S. 309. Berlin, 1887. Vgl. *Sphinx*, Bd. V, 25, S. 69. Gera, 1888.

1888. 676. **du Prel:** Übersinnliche Gedankenübertragung. Komiteebericht der Psychologischen Gesellschaft in München. *Sphinx*, Bd. V, 25, S. 24. Gera, 1888.

677. **von Notzing:** Hypnotische Experimente. Comitébericht der ‚Psychologischen Gesellschaft‘ in München. *Psych. Stud.*, Jahrg. XV, S. 1—20. Leipzig, 1888.

678. **Rouquette:** Contributions à l'étude de l'hypnotisme: transmission de la pensée à distance. *Journ. de méd. et de pharm. de l'Algérie*, Bd. XII, S. 27, 50, 75. Alger, 1887.

679. **Richet:** Expériences sur le sommeil à distance. *Rev. Hypn.*, Bd. II, S. 225—240. Paris, 1888. — *Rev. des sciences hypn.*, Bd. I, S. 241—255. Paris, 1888. — *Rev. philos.*, Bd. XXV, S. 434—452. Paris, 1888.

680. **Royce:** Hallucinations of memory and ‚telepathy‘. *Mind*, Bd. XIII, Nr. L, S. 244. London and Edinburgh, 1888.

681. **Levin:** Ett blad ur autohypnotismens och den mentala Suggestionens historia. *Eira*, Bd. XII, 5, S. 133. Stockholm, 1888.

***

1886. 682. **Bourru** et **Burot:** Les premières expériences sur l'action des médicaments à distance. Communication à l'Association française pour l'avancement des sciences, 19 Aug. 1885. Vgl. *Bull. Soc. de Psychol. physiol.*, Bd. II, S. 10 bis 21. Paris, 1886.

683. **Richet:** L'action des substances toxiques et médicamenteuses *Bull. Soc. de Psychol. physiol.*, Bd. II, S. 31. Paris, 1886.

684. **Alliot:** La suggestion mentale et l'action des médicaments à distance. Paris, 1886.

685. **Berjon:** La grande hystérie chez l'homme. Phénomènes d'inhibition et de dynamogénie, changements de la personnalité, action des médicaments à distance. D'aprés les travaux des MM. Bourru et Burot. Paris, 1886.

686. **Luys:** Sur l'action des médicaments à distance chez les sujets hypnotiques. *Compt. rend. Soc. de biol.*, Ser. VIII, Bd. III, S. 426. Paris, 1886.

687. — —: Phénomènes produits par l'action des médicaments

à distance. — De l'exorbitis expérimental. *Rev. Hypn.,*
Bd. I, S. 139. Paris, 1886. Vgl. *Encéph.,* Bd. VII,
S. 74. Paris, 1887.

1887. 688. **Luys:** Les émotions chez les sujets en état d'hypnotisme.
Encéph., Bd. VII, S. 513—544. Paris, 1887.

689. — —: De la sollicitation expérimentale des phénomènes
émotifs chez les sujets en état d'hypnotisme. *Bull. Acad.
de méd.,* Ser. II, Bd. XIII, S. 291—306. — *Rev. Hypn.,*
Bd. II, S. 75 u. 99—109. Paris, 1887.

690. **Bourru** et **Burot:** L'action à distance des substances toxiques
et médicamenteuses. Résultats pratiques et interprétation.
Rev. Hypn., Bd. II, S. 109. Paris, 1887.

691. — —: La suggestion mentale et l'action des substances
toxiques et médicamenteuses. Paris, 1887.

692. **Bernheim:** De l'action médicamenteuse à distance. *Rev.
Hypn.,* Bd. II, S. 161. Paris, 1887.

693. **Paul** et **Bucquoy:** De l'hypnotisme et de l'action médicamenteuse à distance. *Rev. Hypn.,* Bd. II, S. 184. Paris,
1887.

694. **Luys:** Les émotions chez les sujets en état d'hypnotisme.
Étude de psychologie expérimentale etc. Paris, 1887.

695. **Marinescu:** Fernwirkung von Medikamenten. *Spitalul,* Okt.
1887. Bucarest.

1888. 696. **Dujardin-Beaumetz:** L'action des médicaments à distance
chez les sujets en état d'hypnotisme. *Progrès méd.,*
Jahrg. XVI, S. 194. Paris, 1888. — *Gaz. des hôp.,*
Jahrg. LXI, S. 300. Paris, 1888. — *Rev. Hypn.,* Bd. II,
S. 306. Paris, 1888.

697. **Decaye:** L'actien des médicaments à distance. *Union méd.,*
Jahrg. XLII, S. 1. Paris, 1888.

Vergleiche:

23, 35, 91, 92, 106, 107, 134, 138, 141, 142, 143, 148, 153, 154, 155,
156, 160, 163, 164, 165, 166, 167. — 729, 740, 745, 752.

23, 35, 106, 138, 142, 154, 155, 156, 157, 160, 164, 165, 166, 167,
175, 180. — 401. — 729, 740, 752.

VIII.
Moderne Mesmeristen.

1869. 698. **Dureau:** Notes bibliographiques pour servir à l'histoire du magnétisme animal. Paris, 1869.

1843. 699. **Debay:** Hypnologie. Du sommeil et des songes au point de vue physiologique: somnambulisme; magnétisme, extase, hallucination. Paris, 1843.

1844. 700. **Sandby:** Mesmerism and its opponents. London, 1844.

701. **Townshend:** Facts in mesmerism. London, 1844.

1845. 702. **Teste:** Le magnétisme animal expliqué. Paris, 1845.

703. — —: Manuel pratique du magnétisme animal. Paris, 1845.

1846. 704. **Esdaile:** Mesmerism in India. London, 1846.

1848. 705. **Charpignon:** Physiologie, médecine et métaphysique du magnétisme. Paris, 1848.

706. **Cahagnet:** Le magnétisme. Paris, 1848.

1851. 707. **Gorwitz:** Idio-Somnambulismus. Leipzig, 1851.

708. **du Potet:** Manuel de l'étudiant magnétiseur. Paris, 1851.

709. **Prater:** Lectures on true and false hypnotism. London, 1851.

1852. 710. **Noizet:** Mémoire sur le somnambulisme et le magnétisme animal. Paris, 1852. (1884.)

711. **Barth** (*G*eorg): Der Lebensmagnetismus, seine Erscheinungen und seine Praxis. Heilbronn und Leipzig, 1852.

712. **Esdaile:** Natural and mesmeric clairvoyance. London, 1852.

1853. 713. **Ennemoser:** Der Magnetismus im Verhältnis zur Natur und Religion. Stuttgart, 1853.

714. **Ashburner:** Electrobiology and Mesmerism. London, 1853.

1854. 715. **Schwarzschild:** Magnetismus, Somnambulismus, Clairvoyance. Kassel, 1854.

716. **Townshend:** Mesmerism proved true. London, 1854.

717. **Garcin:** Le magnétisme expliqué par lui même, ou nouvelle théorie des phénomènes de l'état magnétique comparés aux phénomènes de l'état ordinaire. Paris, 1854.

1857. 718. **Baragnon:** Étude du magnétisme animal. Paris, 1857.

1860. 719. **Charpignon:** Rapports du magnétisme avec la jurisprudence et la médecine légale. Paris, 1860.

720. **Morin:** Magie du XIXe siécle. Ténébres. Treize nuits, suivies d'un demi-jour sur l'hypnotisme. Paris, 1860.

———————

1866. 721. **Ziegler:** Le fluide vital. Mulhouse, 1866.

1868. 722. ***Baillif:** Du sommeil dans l'hystérie. Strasbourg, 1868.

1875. 723. **Chevillard:** Études expérimentales sur certains phénomènes nerveux. Paris, 1875.

1878. 724. **Planat:** De quelques phénomènes biomagnétiques. *Nice méd.*, Bd. III, S. 193. 1878.

1880. 725. **Despine:** Étude scientifique sur le somnambulisme. Paris, 1880.

726. **Baréty:** Du magnétisme animal. *Nice méd.*, Bd. V, S. 303. 1880.

1881. 727. — —: Des propriétés physiques d'une force particulière du corps humain (force neurique rayonnante) connue généralement sous le nom de magnétisme animal. *Compt. rend. Soc. de biol.*, Ser. VII, Bd. III, S. 5—34. Paris, 1881. — *Gaz. méd. de Paris*, Bd. LII, 3, Nr. 36 ff. 1881.

728. **Ziegler:** Le rayonnement magnétique. *Compt. rend. Assoc. franç. pour l'avancem. des sciences. Session d'Alger*, S. 849. Paris, 1881. Als Broschüre: *Genéve*, 1882.

1882. 729. **Baréty:** Des propriétés physiques d'une force particuliére du corps humain (force neurique rayonnante) connue vulgairement sous le nom de magnétisme animal. Paris, 1882.

730. **Raymond:** Le magnétisme en huit leçons. Paris, 1882.

731. **Garcia-Ramon:** El magnetismo, sonambulismo y espiritismo. Estudios curiosos y filosóficos. Paris, 1882.

1883. 732. **Cahagnet:** Thérapeutique du magnétisme et du semnambulisme. Paris, 1883.

733. **du Potet:** Traité complet du magnétisme animal. Cours complet en douze leçons. Paris, 1883.

734. **Liébeault:** Étude sur le zoomagnétisme. Nancy, 1883.

735. **Barrett, Gurney, Myers, Podmore:** Two reports of the Committee on Mesmerism. *Proc. Soc. Psychic. Res.,* Bd. I, S. 217—229, 251—262, 284. London, 1883.

736. **Chittik:** Mesmerism. *Amer. Lancet,* Bd. Vl, S. 60—64. Detroit, 1883.

737. * * * : Mesmerismus chronicus. *Med. Times & Gaz.,* 1883, II, S. 437, 495, 553. London. G u r n e y's Antworten: *ebenda* S. 501, 556, 610.

1884. 738. **Barrett** and **Gurney:** Third report of the committee on mesmerism. *Proc. Soc. Psych. Res.,* Bd. II, S. 12—23. London, 1884.

739. **Gurney:** An account of some experiments in mesmerism. *Proc. Soc. Psychic. Res.,* Bd. II, S. 201. London, 1884.

740. **Gregory:** Animal magnetism, or mesmerism and its phenomena. London, 1884.

741. **de Maricourt:** Souvenirs d'un magnétiseur. Paris, 1884.

742. **Perronnet:** Du magnétisme animal. Lons-le-Saunier, 1884.

1885. 743. **Gurney** and **Myers:** Some higher aspects of mesmerism. *Proc. Soc. Psychic. Res.,* Bd. III, S. 401—423. London, 1885.

744. **dal Pozzo:** Un capitolo di psicofisiologia. Conferenze. Foligno, 1885.

1886. 745. **Wallace** (Miss): Private Instructions in the science and art of organic magnetism. London, 1886.

746. **Lafontaine:** Mémoires d'un magnétiseur. Paris, 1886.

747. — —: L'art de magnétiser ou le magnétisme vital considéré sous le point de vue théorique, pratique et thérapeutique. Paris, 1886.

748. **Baréty:** Le magnétisme animal étudié sous le nom de force neurique rayonnante et circulante, dans ses propriétés physiques, physiologiques et thérapeutiques. Paris, 1886.

1886. 749. Perronnet: Force psychique et suggestion mentale, leur démonstration, leur explication, leurs applications possibles à la thérapie et à la médecine légale. Paris, 1886.

     750. **Durville:** Traité expérimental et thérapeutique du magnétisme. Paris, 1886.

1887. 751.   — —: Lois physiques du magnétisme; polarité humaine. Paris, 1887.

     752. **de Rochas:** Les forces non définies. Recherches historiques et expérimentales. Paris, 1887.

     753. **Baréty:** La force neurique. *Rev. Hypn.,* Bd. II, S. 80. Paris, 1887.

     754. **Chazarain** et **Dècle:** Les courants de la polarité dans l'aimant et dans le corps humain. *Rev. Hypn.,* Bd. II, S. 144. Paris, 1887.

1888. 755. **Ernesti:** Elemente der Willensmagie. *Sphinx,* Bd. V, 25, S. 47; 27, S. 190. *Gera,* 1888.

Vergleiche:

1, 2, 4, 7, 9, 10, 11, 12, 13, 14, 15, 16, 17, 18, 19, 20, 21, 22, 23, 27, 28, 35, 37, 44, 47, 48, 49, 50, 51, 52, 56, 57, 66, 67, 69, 70, 71, 77, 78, 79, 85, 86, 89. 90, 91, 92, 98, 99, 102, 103, 105, 106, 107, 124, 126, 130, 133, 134, 138, 142, 143, 145, 153, 154, 155, 156, 161, 162, 163, 164, 165, 166, 167, 181. — 412. — 646.

IX.

Verschiedenes.

―――

1860. 756. **Brochin:** Note sur un instrument hypnotique. *Gaz. des hôp.,* Jahrg. XXXIII, S. 1. Paris, 1860.

1881. 757. **Bourneville** et **Regnard:** Procédés employés pour déterminer les phénomènes d'hypnotisme. *Progrès méd.,* Jahrg. IX, S. 254, 274, 300. Paris, 1881.

758. **Glynn:** On the production of the hypnotic condition. *Liverpool med. chir. journ.,* Bd. I, S. 176. 1881.

759. **Ladame:** Observations sur les antécédents des hypnotiques et sur les effets de l'hypnotisme. *Rev. méd. de la Suisse Rom.,* Jahrg. I, S. 290. Genéve, 1881.

760. **Laborde:** Sur quelques phénomènes d'ordre névropathique observés chez les cobayes, dans certaines conditions expérimentales; la prédisposition sexuelle et d'espèce. *Compt. rend. Soc. de biol.,* Ser. VII, Bd. II, S. 391. Paris, 1881.

1882. 761. **Dumontpallier** et **Magnin:** Sur les règles à suivre dans l'hypnotisation des hystériques. *Compt. rend. Acad. des sciences,* Bd. XCIV, S. 632. Paris, 1882. — *Compt. rend. Soc. de biol.,* Ser. VII, Bd. IV, S. 202. Paris, 1882.

1884. 762. **Gurney:** The stages of hypnotism. *Mind.* Bd. IX, S. 110 bis 121. London, 1884. Vgl. *Proc. Soc. Psychic. Res.,* Bd. IV, S. 515—531. London, 1887.

763. **Brémaud:** Note sur l'état de fascination dans la série hypnotique. *Compt. rend. Soc. de biol.,* Ser. VIII, Bd. I, S. 169. Paris, 1884.

764. — —: Notes sur les conditions favorables à la production de l'hypnotisme. *Compt. rend. Soc. de biol.,* Ser. VIII, Bd. I, S. 170. Paris, 1884.

765. — —: Note sur le passage de la léthargie au somnambulisme dans la série hypnotique. *Compt. rend. Soc. de biol.,* Ser. VIII, Bd. I, S. 282. Paris, 1884.

1884. 766. **Brémaud:** Des différentes phases de l'hypnotisme et en particulier de la fascination. Paris, 1884.

1885. 767. **Grasset:** De l'état troisiéme chez les hystériques hypnotisables. *Compt. rend. Soc. de biol.*, Ser. VIII, Bd. II, S. 499. Paris, 1885.

1886. 768. **Janet:** Les phases intermédiaires de l'hypnotisme. *Rev. scient.*, Bd. XXXVII, S. 577—587. Paris, 1886.

769. **Magnin:** Les états mixtes de l'hypnotisme. *Rev. scient.*, Bd. XXXVII, S. 748. Paris, 1886.

770. **Bonfigli:** La Fascinazione. Milano, 1886.

1887. 771. **Liébault:** Classification des degrés du sommeil provoqué. *Rev. Hypn.*, Bd. I, S. 199. Paris, 1887.

772. **Bernheim:** De l'influence hypnotique et de ses divers degrés. *Rev. méd. de l'est*, Bd. XIX, S. 97. Nancy, 1887. — *Rev. Hypn.*, Bd. I, S. 225. Paris, 1887.

773. **Gessmann:** Die hypnogenen Mittel. *Sphinx,* Bd. III, 15, S. 194—204. Leipzig, 1887.

774. **Bérillon:** De la méthode dans l'étude de l'hypnotisme. *Rev. Hypn.*, Bd. II, S. 1. Paris, 1887. Vgl. *Sphinx*, Bd. IV, 24, S. 380. Leipzig, 1887.

1879. 775. **Chambard:** Note sur un cas d'hystérie avec somnambulisme. *Rev. mens. de méd. et de chir.*, Jahrg. III, S. 273—288. Paris, 1879.

1883. 776. **Pouchet:** Un cas de sommeil hypnotique. *Rev. philos.*, Bd. XV, S. 514. Paris, 1883.

777. **Leffmann:** Notes of some personal experiences in hypnotism. *Polyclin.*, 1883, I, S. 41. London.

1884. 778. **Beaunis:** Sur deux phénoménes produits pendant le somnambulisme provoqué. *Compt. rend. Soc. de biol.*, Ser. VIII, Bd. I, S. 519. Paris, 1884. Vgl. *Gaz. méd. de Paris,* Ser. VII, Bd. I, S. 362. Paris, 1884.

1886. 779. **Richet:** Une observation de somnambulisme. *Rev. philos.*, Bd. XXI, S. 325. Paris, 1886.

780. **Élie Étienne:** De quelques expériences de somnambulisme. *Bull. Soc. de Psychol. physiol.*, Bd. II, S. 42. Paris, 1886.

781. **Bernheim:** Le jeûne de Succi. *Gaz. hebd. de méd.*, Bd. XXIII, S. 681. Paris, 1886. Vgl. *ebenda* S. 854.

1887. 782. **Foulonniac:** Un cas de somnambulisme naturel. *Rev. Hypn.,* Bd. II, S. 189. Paris, 1887.

783. **Bérillon:** La léthargique de Thenelles. *Rev. Hypn.,* Bd. I, S. 289. Paris, 1887.

784. * * * : Observations sur Mlle. Marie *G . . . Rev. des sciences hypn.,* Bd. I, S. 14, 48, 87. Paris, 1887.

785. **Pakerson:** Observations sur le jeune Peter L. *Rev. des sciences hypn.,* Bd. I, S. 126. Paris, 1887.

1866. 786. **Desages:** De l'extase ou des miracles phénomènes naturels. Paris, 1866.

1875. 787. **Maurice** et **Verdalle:** Étude médicale sur l'extatique de Fontet. Paris, 1875.

1878. 788. **Pennavaria:** Considerazioni medico-filosofiche sopra un caso d'isterismo acuto con estasi e sognazione spontanea, accaduto in persona dell' insigne poetessa Marianna Coffa Caruso in Morana. Ragusa, 1878.

1880. 789. **Richet:** Les démoniaques d'aujourd'hui et d'autrefois. *Rev. des deux mondes,* Jahrg. L, Ser. III, Bd. XXXVII, S. 340—372, 562—583, 828—863. Paris, 1880.

1882. 790. **Ellero:** Sopra un caso di ipnosi con fenomeni della cosidetta trasposizione dei sensi. *Gazz. med. ital. prov. Venete,* Bd. XXV, S. 375. Padova, 1882.

791. **de Giovanni:** Sulla così detta trasposizione dei sensi e sull' ipnosi; riposta al dott. Lorenzo Ellero. *Gazz. med. ital., prov. Venete,* Bd. XXV, S. 411. Padova, 1882.

1883. 792. **Tarchini-Bonfanti:** Estasi ed ipnosi. Milano, 1883.

1859. 793. **Michéa:** Du sommeil cataleptique chez les *Gallinacés. Gaz. des hôp.,* Bd. LI, S. 607. Paris, 1859.

1882. 794. **Milne-Edwards:** Note sur les effets de l'hypnose sur quelques animaux. *Compt. rend. Acad. des sciences,* Band XCIV, S. 385. Paris, 1882.

1859. 795. **Piorry:** Réclamation de priorité pour l'observation des faits qu'on désigne collectivement sous le nom d'hypnotisme.

Gaz. des hôp., Jahrg. XXXII, S. 604. Paris, 1859. —
Compt. rend. Acad. des sciences, Bd. XLIX, S. 987.
Paris, 1859.

1884. 796. Richet: Sur l'origine du mot ‚magnétisme animal'. *Compt. rend. Soc. de biol.,* Ser. VIII, Bd. I, S. 334. Paris, 1884.

1886. 797. Andrieu: De quelques manifestations hypnotiques observées dans les temps anciens. *Gaz. méd. de Picardie,* Bd. IV, S. 55. Amiens, 1886.

1887. 798. Durand de Gros: Les origines modernes de l'hypnotisme. *Gaz. méd. de Paris,* Jahrg. LVIII, S. 157 u. 169. 1887.

1886. 799. Beard: A new theory of trance and its bearing in human testimony. *Pap. med.-legal Soc.,* S. 315—362. New-York, 1886.

1888. 800. Hübbe-Schleiden: Zur Theorie der Hypnose. *Sphinx,* Bd. V, 25, S. 261. Gera, 1888.

1888. 801. Skepto: L'hypnotisme et les religions ou la fin du merveilleux. Paris-Bordeaux, 1888.*)

---

*) Bei der Natur dieses Abschnittes fällt die Aufzählung von Vergleichnummern selbstverständlich fort.

Nachtrag.

(Diese erst während des Druckes bekannt gewordenen Schriften konnten bei der Statistik u. s. w. nicht mehr berücksichtigt werden.)

1886. **Boucher** (fils): Hystérie chez l'homme; hypnotisme, léthargie, catalepsie, somnambulisme; présentation du malade et expériences. *Union médicale de la Seine-Inférieure,* Bd. XXIV, S. 35. Rouen, 1886.

Godneff: Der Hypnotismus in seinen therapeutischen Beziehungen. *Dnevnik obshestva vrachei g kazani,* Bd. X, S. 197—210. 1886.

Nolen: Het zogenaande Dierlijk Magnetisme of hypnotisme (Catalepsie, Lethargie, Somnambulisme, Fascinatie) populaire beschreven en toegelicht. Rotterdam, 1886. Vgl. *Geneesk. Courant,* Bd. XL, Nr. 47. Tiel, 1886.

Osawa: Über Mesmerismus. *Chingai Jji Shinpo,* Nr. 151. Tokio, 1886.

1887. **Ballet:** L'hypnotisme et la suggestion. *Union médicale et scientifique du nord-est,* Bd. XI, S. 57—84. Reims, 1887.

Godneff: Über Suggestion während der Hypnose. *Dnevnik obshestva vrachei g kazani,* Bd. XI, S. 113. 1887.

Hammond: The medico-legal relations of hypnotism or syggignocism. *New-York med. journ.,* Bd. XL, VI, S. 115. 1887.

Ladame: L'hypnotisme et la médecine légale. *Archives de l'anthropologie criminelle,* Bd. II, S. 293—335. Paris, 1887.

Lebrun: Un cas d'application chirurgicale de l'hypnotisme. *Clinique,* Bd. I, S. 413. Bruxelles, 1887.

Noyes: The medico-legal aspects of hypnotism. *Science,* Bd. IX, S. 220. New-York, 1887.

Raciborski: Der Hypnotismus im Pariser Hospital La Salpêtrière. Als Anhang zu: Wie druckte die Warschauer Bibliothek den dritten philosophischen Artikel? (Polnisch.) Lwow, 1887.

Querschnitte.

(Die wichtigeren Schriften sind vorangestellt; unbedingte Vollständigkeit in der Aufzählung ist nicht beabsichtigt; als Ergänzung kann das Autorenverzeichnis dienen.)

Schule von Nancy.

22, 41, 85, 86, 120, 121, 173, 174, 616.

104, 118, 119, 156, 186, 187, 288, 338, 367, 384, 388, 389, 390, 513, 528, 529.

Schule von Paris.

34, 43, 60, 61, 102, 117, 120, 121.

30, 31, 32, 44, 45, 46, 50, 55, 63, 65, 66, 80, 100, 101, 103, 118, 119, 130, 156, 229, 362, 388, 451.

Zur Simulationsfrage.

27, 36, 80, 82, 90, 127, 187, 496, 657, 665.

4, 5, 30, 76, 91, 98, 117, 236, 334, 335, 696, 739.

Zur Suggestionsfrage.

84, 85, 86, 125, 173, 174.

22, 78, 87, 88, 101, 127, 186, 187, 242, 251, 278, 288, 301, 413, 448, 506, 513, 514, 515, 528, 529, 533, 555, 557, 560, 585.

Praxis des Hypnotismus.

5, 15, 27, 36, 52, 61, 66, 91, 96, 123, 128, 169, 198, 382, 476.

2, 3, 4, 7, 8, 18, 21, 22, 26, 41, 48, 57, 79, 80, 87, 90, 117, 147, 165, 180, 185, 205, 233, 235, 251, 265, 301, 351, 484, 521, 532, 533, 561, 646, 735, 738, 739, 743, 761, 764, 773, 774.

Theorie des Hypnotismus.

2, 17, 19, 20, 27, 36, 47, 51, 53, 55, 60, 68, 91, 94, 95, 159, 161, 162, 210, 211, 302, 441, 465, 616, 799.

4, 5, 7, 8, 10, 12. 18, 21, 22, 26, 40, 43, 48, 57, 73, 83, 86, 89, 90, 92, 93, 117, 126, 148, 164, 166, 167, 172, 183, 185, 261, 294, 295, 338, 350, 393, 423, 435, 449, 457, 459, 461, 462, 468, 469, 470, 471, 472, 482, 487, 507, 516, 524, 532, 533, 537, 547, 549, 552, 554, 556, 563, 565, 646, 656, 661, 680, 691, 694, 725, 729, 742, 743, 748, 749, 751, 754, 762, 771, 800.

Statistik.

In der Bibliographie sind genannt: 801 Schriften, 481 Autoren (17 Anonyma ausgeschlossen), 207 Zeitschriften.

Es stehen unter			I (Allgemeines)	191	Schriften
,,	,,	,,	II (Medizin)	199	,,
,,	,,	,,	III (Magnetismus)	36	,,
,,	,,	,,	IV (Physiologie)	62	,,
,,	,,	,,	V (Psychol., Pädag.)	85	,,
,,	,,	,,	VI (Jurisprudenz)	43	,,
,,	,,	,,	VII (Fernwirkung)	81	,,
,,	,,	,,	VIII (Mesmerismus)	58	,,
,,	,,	,,	IX (Verschiedenes)	46	,,

Von den aufgeführten 801 Nummern (Übersetzungen ausgeschlossen) sind erschienen:

in französischer Sprache		473	Schriften
,, englischer	,,	102	,,
,, italienischer	,,	88	,,
,, deutscher	,,	69	,,
,, dänischer	,,	22	,,
,, spanischer	,,	16	,,
,, russischer	,,	12	,,
,, holländischer	,,	6	,,
,, schwedischer	,,	4	,,
,, norwegischer	,,	3	,,
,, polnischer	,,	2	,,
,, ungarischer	,,	2	,,
,, portugiesischer	,,	1	,,
,, rumänischer	,,	1	,,

Von den in der Bibliographie genannten Schriften sind erschienen:

14	im Jahre	1880
39	,, ,,	1881
39	,, ,,	1882
40	,, ,,	1883
78	,, ,,	1884
71	,, ,,	1885
131	,, ,,	1886
205	,, ,,	1887
71	,,	Jan.—April 1888.

Es sind 14 Thesen aufgeführt. Davon gehören 13 Frankreich und 1 (Nr. 50) Deutschland zu.

Autoren-Verzeichnis.

——— .

(Die Bedeutung der Klammern ergiebt sich durch einmaliges Nachschlagen einer Belegnummer.)

d'Abundo 132.

Adradas 261.

Algeri 591.

Alliot 684.

Allyn 339.

Alphandery 552 458.

Amadei 342 343.

Andrieu 149 312 592.

de Areilza 383.

Ashburner 714.

Authenae 270.

Auvard 323 373

Azam 8 492 493 502 546.

Azoulay 525.

Babinski 421.

Baillif 722.

Ball 35.

Ballet 431.

Baragnon 718.

Baréty 726 727 729 748 753.

Barrett 406 618 621 623 626 735 738.

Barth [(Henri)] 267 468.

Barth (Georg) 711.

Bartholow 415.

Beach 96.

Beard 52 66 68 498 799.

Beaunis 127 448 455 521 548 650 778.

Belfiore 163.

Bellanger 92.

Benedikt 402.

Bentzon 353.

Bergson 657.

Bérillon 83 298 464 566 567 572 573 774 783.

Berjon 685.

Bernheim 85 86 104 173 174 288 319 320 513 514 522 543 568 692 772 781.

Berti 77.

Bettini 200.

Beugnies-Corbeau 271.

Bezançon 280.

Bianchi 246 422.

Bidon 287.

Binet 117 (120) 416 417 418 444 445 475 476 510 518 532 553 583.

Binswanger 154 155.

Birchall 624.

Bleuler 160.

Blum 569 570.

Blundall 196.

Boddaert 204.

Börner 37.

Boland 311.

Bonfigli 770.

Bonnes 214.

Borel 477 478.

Bottacchi 201.

Bottey 91 369 511.

Bouchut 28 495.

Bourneville 43 757.

Bourru 453 523 538 564 682 (685) 690 691.

Bouyer (Marcel) 202.

Bouyer [(Jules)] 301.